JN408914

한국베이비박스문인협회가 걸어온 길

김애란 홍보대사님과
안양 시울림 낭송협회 회원들

아름다운 동행
권희건 시인, 이종락 목사,
최정호 시인

제4집 준비를 위한 정기회

정기회로 모였습니다
[대전 예지원에서]

후원이사장 김병호 시인님과
장선호 대표

주사랑공동체를 방문하여
베이비박스의 실정과 향후
계획을 듣다

맛있는 식사를
제공해주셨습니다

베이비룸 앞에서 한참 동안
많은 이야기를 나누며

만감이 교차하는
베이비박스 앞에서

제3집 2차 후원금 전달식

7월 2차 방문 후
목사님과 함께

언제나 즐거운
점심시간이네요

이종락 목사님께
회원들의 마음을 모아
감사패를 전달하였습니다

문학상 심사위원
함세린 시조시인님과
청명회 회원들

제3집 출판기념회
단체사진에 함께해 주셔서
감사드립니다

출판기념회 축하차
방문해주신
문학세계문인회
정선교 회장님과 최병영 시인님

베이비박스 문학상을 수상한
고은주 시인

한송이 · 장미 시인님과 함께

장봉균 시인님
제4집 동참을 환영합니다

초대공동대표이신
이원구 고문님과 함께

출판기념회 추억 남기기

제2회 베이비박스 문학상을 수상하신
고은주 · 이미선 시인님

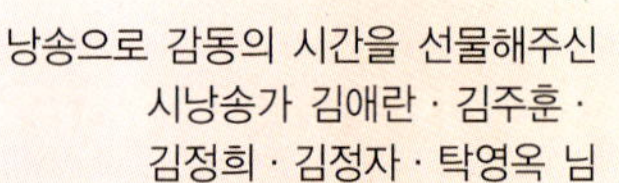

낭송으로 감동의 시간을 선물해주신
시낭송가 김애란 · 김주훈 ·
김정희 · 김정자 · 탁영옥 님

축하 및 격려사
이종락 목사, 정선교 회장,
함세린 시조시인

추억의 사진으로 기억되기를 소망한다

베이비박스에 희망을 싣고

- 제4집 -

한국베이비박스문인협회

권희건 김동광 김숙현 김장미 김정오
도현미 서수정 선지현 손장순 신현각
우현식 윤봉덕 이경상 이미선 이원구
장봉균 장선호 정범식 정이란 최정호

베이비박스에 희망을 싣고

- 제4집 -

한국베이비박스문인협회

시집 한 권 값이면, 천사들이 먹을 분유가 생깁니다.
이 시집을 구입하시면 행복바이러스에 전염됩니다.

도서출판 천우

| 머리말 |

희망시집에 동참해주신 시인님들 고맙습니다. 사람의 행복이 그 소유의 넉넉함에 있지 않다는 말을 오늘따라 유난히 공감하는 날인 것 같습니다. 문학세계문인회 20인의 시인들이 모여 '베이비박스 문학아카데미'로 시작한 한국베이비박스문인협회에서 벌써 4집을 출간하게 되었습니다. 생명을 소중히 여기는 시인들의 아름다운 마음으로 아이들이 올 한 해도 훈훈하게 보낼 수 있으리라 생각하니 가슴 뿌듯합니다. 세상의 물질로는 일시적인 건강과 수명을 연장시킬 수 있겠지만 여러분이 아이들을 위해 쓰신 한 편의 시는 오래도록 많은 사람들의 마음에 행복한 선물로 남으리라 확신합니다. 변함없이 도움을 주신 후원 회장님과 어려운 이웃에게 도움을 주고 싶다는 故 임동춘 님의 뜻을 따라 시조 한 편과 후원금을 보내오신 목은(沐恩) 시인님 모두모두 고맙습니다. 여러분 한 분 한 분이 베이비박스 아이들의 희망의 불꽃입니다.

희망이 있는 사람은
가슴에 폭죽을 품고 살아
언제든 불꽃을 피울 수 있습니다.
혹여 사는 일이 힘들어

절망의 순간이 온다면 폭죽을 터뜨리세요.
그러면 절망은 연기와 함께 사라져 버릴 것입니다.

— 홍안 서수정, 「희망은 불꽃과 같고 절망은 하얀 연기와 같다」 일부

사회에서 찬반을 논하는 이 시간도 부득이한 사정으로 갈 길을 잃은 아이들이 희망을 찾아 헤매다 오늘도 어미 등에 업혀 캄캄한 난곡의 비탈길을 올라 베이비박스 벨을 누릅니다. 당신이라면 어떻게 하시겠습니까? 이 시집 한 권으로 희망을 선물함이 어떨는지요? 2009년 베이비박스 설치 후 2017년 8월 현재 1,220여 명의 아이들이 이곳을 통하여 생명을 얻고 새로운 삶이 시작되고 있습니다. 베이비박스는 현실을 외면하는 사회와 어른들에 대한 아이들의 외침이자 생명을 살리는 희망의 요람입니다. 하지만 이 상자가 사라지는 세상을 우리 시인들은 꿈을 꿉니다. 사회와 우리 모두의 관심과 사랑으로 유기되는 아이들이 사라지고 가정이 건강하고 모두가 행복한 세상 속히 임하길 기대합니다.

2017년 12월
대표 淸雨 장 선 호

먼저 베이비박스문인협회의 『베이비박스에 희망을 싣고』 제4집 출간을 진심으로 축하드립니다. 지난 수년간 나설 수 없는 미혼모들과 말할 수 없는 아기들을 위해 펜으로 말씀하여 주시고, 희망 전도사가 되어 베이비박스를 세상에 알리고 생명의 소중함을 전파하시니 깊은 감사를 드립니다.

지난 1-3집을 통해, 시에 담긴 문인들의 문학과 생명을 향한 열정을 보고 크게 감격했으며, 회를 거듭할 수 아름다움을 더해가는 시에 깊은 감명을 받았습니다. 이제 4집 출간을 앞두고 있으니 더욱 큰 기대를 갖게 됩니다.

지금도 많은 아기 엄마들이 인생의 막다른 골목으로 내몰리고 있고 아기들은 차디찬 길바닥에 버려지고 있습니다. 그러나 마땅히 이 문제를 풀어야 할 사람들은 법과 제도의 한계를 핑계 삼아 아무 일도 하지 않고 있습니다. 자신이 처한 형편을 말할 수 없는 아기들의 울음소리는 그치지 않지만 대신 울어주고 말해주는 이들은 여전히 부족합니다. 더 많은 이들이 대신 말해주고 펜을 움직여 주어야 하며, 대신 울어 주어야 합니다.

한국베이비박스문인협회의 시인들이 펜으로 이들의 마음을 대신 말해주기에 아기 엄마와 아기에게는 큰 위로와 치유가 될 수 있을 것입니다. 시상을 시로 담아내기 위한 시인들의 노력에 경의를 표하며, 다시 한번 제4집 출간을 축하드립니다.

주사랑공동체 대표
이 종 락 목사

김정오

도현미

서수정

장선호

정범식

정이란

최정호

베이비박스에 희망을 싣고

[제4집]

"

시집 한 권 값이면,
천사들이 먹을 분유가 생깁니다.
이 시집을 구입하시면
행복바이러스에 전염됩니다.

"

몽블랑 권 희 권

E-mail : solbeolgang@hanmail.net

작품

- 각시붓꽃
- 숨결
- 엘레지
- 할미꽃
- 달맞이꽃
- 청미래 덩굴

프로필

- 경남 창녕 출생
- 계간 『시세계』 등단(2015년)
- 문학세계문인회 정회원
- 한국베이비박스문인협회 회원
- 공저 『베이비박스에 희망을 싣고』

각시붓꽃

솔 갈비 내린 오솔길

올망졸망 모여 앉아

모락모락 꽃 피우네

부끄러운 저 눈망울

어여쁘다 어여쁘다

나그네 가슴에 피는 꽃

내년에도, 이 자리에서

무언의 손가락 걸고서

보랏빛 눈시울 적시리…

숨결

으앙… 으앙…
탄생의 울음,
희망의 숨결 소리…

아가야 울어라
세상을 향해 한 번은
크게 울어야 한단다

고귀한 숨결,
뱉어라 아가야
세상을 향해 뱉어라

산과 바다를 누벼라
더 넓은 평원을
맘껏 밟아라 아가야

날아라 아가야
높은 창공을
새처럼 꿈을 펼치렴

이 파란 지구별
가져라 아가야
모두가 너의 것이다

큰 꿈을 품어라
우주를 사랑으로
아가의 별을 품어라

새근새근 토해내는
아가의 숨결 위에
축복의 손을 모으면서…

엘레지

속세에도 봄은 왔는가

질퍽한 어둠 속에 묻힌 채

여왕의 꿈을 꾸는 가련한 비구여

누비 적삼 푸르게 물들면

하얀 달빛에 백로가 날개 펴듯

비상의 꿈, 한 줄기 바람이런가

소롯이 이불 걷어차는 엘레지

수줍다 말 못하고 긴 목 뽑은 채

고요한 자태로 사뿐, 사뿐히

행여 왕자님 오실까 봐

가련히 긴 눈썹만 깜박이네…

할미꽃

봄은 어디로 갔는가

양지 녘 잔디 위 할미꽃은

언제 피었다 졌는가

소쩍새 울음소리 여운만 남긴 채

이 봄은 어디로 갔는가

치자꽃 향기가 코끝을 스쳐 가건만

그리운 저 달은 만삭으로 커져만 가는데

자꾸만 황혼으로 물들어 가는

내 생의 빈 가슴이 서러워서

불러도 불러도 메아리만 넘치네

오늘은, 오늘은~ 할미꽃을

좋아하는 그 여인네 향기가 그립다…

달맞이꽃

들바람 언덕에 어둠이 내리면

키 재워 고개 내민 달맞이꽃

노란 은빛 펼치며 미소로 윙크하네

낮 햇살 역겨워 수줍은 듯 자태 묻고

밤바람 스며와 온몸에 품은 연정

엷은 빛 너의 볼에 살며시 내려앉네

별빛에 젖어 꽃잎마다 맺힌 이슬

여명이 찾아올까 한숨 소리 애닯구나

청미래 덩굴

고사리손 어여쁜 청미래야

긴 세월 휘감아 먼 길 어찌 가려나

그 길은 목마른 가시밭길

한여름 거센 태풍은 어이 피하랴

꽃 피워 벌을 불러 알알이 품어 안고

뙤약볕에 연마하여 꿋꿋이 가시 달고

푸른 열매 사랑하여 빨갛게 익히리

비바람 거칠어도 비단결 잎이 되어

한가위 쟁반 위에 보름달 그려 넣어

오물쪼물 송편 빚어 차례상 오를래

갈바람, 억새 휘청일 때 덩굴마다

빨알간 구슬 위 하얀 눈 내리기를…

월광 김동광

작품

- 뛰어나게 잘 지은 시
- 아직도 남은 열 밤
- 동틀 무렵
- 연정
- 바다
- 겨울나무

프로필

- 충남 논산 출생
- 계간 『시세계』 시 부문 등단
- 『한국시조문학』 시조 부문 등단
- 문학세계문인회 회원
- 한국시조문학진흥회 회원
- 한국베이비박스문인협회 회원
- 논산시 신문지국 경영
- 공저 『베이비박스에 희망은 싣고』(1, 2집)

뛰어나게 잘 지은 시

평생 절창 하나 지을까
생각에 덧칠하고 계곡의 물로써 은유를 쓰고
구름 한 점 꽃 한 점 사유를 그리고
제목은 신이 주신다고 하니 기다리자

본질의 민망함은 가명으로 숨기고
새 한 마리 물고 가는 문장을 쓴다
종이는 물에 젖고 사유의 허망함
그 흔한 사랑 제대로 한 번 못 했으니
이별의 아픔도 모르겠다

비 오는 날 중얼거림 같은
해독 못 하는 문체들
아직 못 배운 글자들
나는 하나의 시어에 몇 밤을 새웠을까
몇 년을 글을 썼을까
내가 본 책 한 권의 기억 잃어버렸다

아직도 남은 열 밤

할머니
엄마 몇 밤 자면 와
야 야 열 밤 자고 나면 온다

아직도 열 밤이 안 지났다
할머니
이제 몇 밤 남았어
야 야
아홉 밤 남았다

별을 헤아려 본다
하나 둘 셋 넷 다섯
할머니 가슴은 언제나 다섯이면 잠이 들었다
아기별들도 꼭 다섯

야 야 돈 좀 세다오
동전이 넘 많다
할머니 이천사백 원 천 원짜리 두 장 받으면 된다
네 개는 할머니 갖고

손가락으로 셈을 한다
추석이 열 밤 안에 있다

할머니
엄마 몇 밤 자면 와
난 아직도 열을 못 셌다
열 밤은 양손을 다 꼽으며 하나하나
지워야 하기에
하나 둘 셋 넷 다섯
잠이 들었다

동틀 무렵

불이 났다
밤새 은밀히 공포스런 황홀함으로 어스름한 산 넘어
동쪽 하늘 위

보라
너무 붉지도 않은 저 불 번짐을
땅 아래 나는 두렵다

저 아름다움
새 한 마리 날지 못하는 고요의 암전

그랬구나
하루가 이렇듯 무아지경의 공포와 아름다움을
침묵으로
서서히 밝아오는 아침을 지키고 있다

철군 중이다
시간의 경계가 이리 장엄한 풍경 속에 치러짐을
서두를 것 없는 묵상의 아침인 것을

연정

어느 날 핀 꽃같이 바라본 당신 모습
세월의 흐름 속에 쌓아온 애틋한 맘
또다시 품은 연정에 홍조 머문 미소뿐

지나온 세월 속에 흔들림 몇 번인지
잔주름 사이사이 흘렸을 눈물 자국
미안해 흐려진 말끝 잡은 손을 못 놓네

바다

모르겠다
넌 빈 소라 주며 바다라 한다

저녁녘 붉은 노을 보라며
사랑을 말하고

자꾸만 섬으로 가자고 조른다

모르겠다
포세이돈의 마음을
왜
끝 모를 바위만 쳐 대는지

아파하지도 않는 바위는
하얗게 질린 척하고
모래는 슬쩍슬쩍 파도만 훔친다

모르겠다
오징어의 검은 먹물의 아픔을
성난 파도는 배를 뒤집고
섬으로 간다

모르겠다
별들이 바다 위로 다이빙하고
미역은 춤을 춘다
섬은 왜 또
나를 부르는지

겨울나무

나무는 바람을 탓하지 않고
말라버린 인심에 벌겋게 옷을 벗었다

조각난 햇살만 대지를 비추고
흔들리는 건
가지가 아닌 정체성 없는 자신이란 걸
시린 겨울에 알았다

다 비워버린 몸체에 바람이 불면
피할 수 없기에 윙윙 울어대는 나무에
너는 왜 해마다 벌거숭이가 되느냐고 탓만 했다

올라온 술기운 만큼 비틀대고
찬 바람에 머리를 흔들면
우수수 떨어지는 내 삶의 모순들
버릴 수 없는 내 아집에

겨울나무는 마지막 이파리마저
떨궜다
쓸쓸함 뒤에 공허만 뒹군다
그저 그렇게
겨울을 견딘다

沐恩 김 숙 현

작품

- 모(母)의 작고

프로필

- 경북 예천 출생
- 월간 『문학세계』 시 부문 등단(2015년)
- 월간 『문학세계』 시조 부문 등단(2016년)
- 부산시 동화창작대회 장려상 수상
- 문학세계문인회 정회원
- 김해 문시사람들 동인
- 경남 취약계층 방과 후 지원 사업 우수 프로그램 선정
- 장유지역아동센터 강의
- 경상남도 모범학원 지정
- 김해시 학원연합회 감사
- 김해시 학원연합속독분과장
- SAS영재아카데미 원장

모(母)의 작고

부는 바람 시원타고 잡아둘 수 없잖아
흐르는 물 맑다 하여 움켜쥔 적 있었나
오가는 그 무엇 하나 내 마음은 아니야

무심한 세월 따라 당신마저 가시네
두 볼 위 소리 없이 내리는 눈물 또한
아무런 소용없다니 말자꾸나 아서라

아쉬워 후회되고 슬퍼서 아파와도
세상은 어제오늘 다를 바 없거니와
그 또한 세월에 바래 사라지고 말 것을

당신이 있는 곳에 발길을 향했었고
당신이 머문 곳에 마음을 두었지만
이제는 어디로 가나 그리움만 남겠지

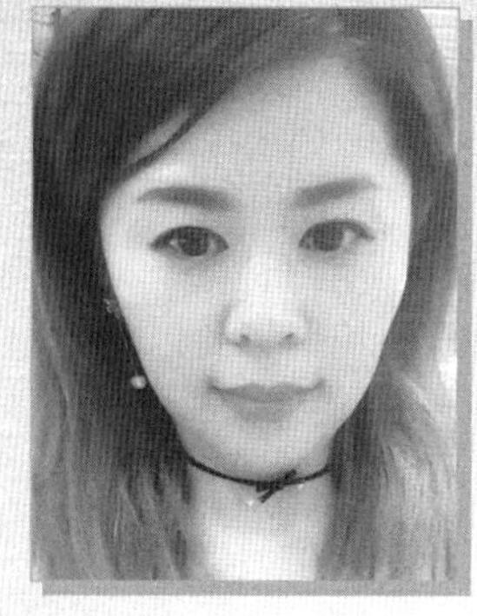

김 장 미

작품

- 종이 달
- 여래아
- 건망증
- 둥지
- 난독증
- 엄마
- 이정표

프로필

- 경북 영천 출생
- 월간 『문학세계』 등단(2016년)
- 문학세계문인회 정회원
- 한국베이비박스문인협회 회원
- 시집 『사랑은 말도 없이 눈물이 되어』

종이 달

첫 달거리에 부푼 봉우리
빠알갛게 피어나는 봄

유영하는 암세포는
그녀의 말라버린 젖가슴을
풍요롭게 채워간다

달큰한 향기에 취한 나비
끝없는 나락으로 떨어지는 날개

텅

목구멍까지 차오른 오류가
역류를 한다
각혈하는 조각들
분진을 일으키는 뇌리
비린내가 사방에 흩어진다

검은 주검 위에
싸늘히 식어가는 달빛
그녀는 없다
날개 꺾인 봄과
텅 빈 가슴만 허공을 유영할 뿐

여래아

숨소리마저 밤의 침묵에 몸져 누웠다
쇳덩이 옭아맨 뒤꿈치가 허덕인다
시린 바람 막아보려 애써 옷깃을 추슬러보아도
상처 난 틈 사이로 새어 나오는 저림이
유리 파편처럼 빠져나간다

흐려진 영혼이 지친 발자욱에 투영된다
여린 손끝 하이얗게 흘러내리는 서러움
오류의 잔재들 곱씹어 울컥 삼켜보아도
역류하는 회한 도돌이표 되어 되새김질하고
검은 산 언덕에 한 발로 서 있는 어린 모정

서러움을 삼킨 반쪽 달이 가로등에 나부낀다
알 리 없는 초롱 아기별 배냇웃음 짓는데
괜찮다 괜찮다
슬픈 메아리 그림자 되어 절름거리며 따라 내려온다

건망증

시간의 안개에 가려
이정표를 찾지 못하는 본성
늘 가던 그 길이 오늘도 낯설다

아니라고 아니라고
수없이 도리질을 해봐도
세월 앞에 망연자실

닳은 무릎에서 쇳소리가 웅성거리고
풍성하던 푸른 청춘은 서릿발이 내린다

숨이 턱턱 막히는 뙤약볕에서
진한 육수 벌컥벌컥 토해내도
지친 몸뚱어리 찬물에는 소스라쳐 놀라고

잊고 사나 보다
잊었나 보다
물음표 하나 손목에 옭아매었다

둥지

가파른 오름길에 나선 모정
턱까지 차오르는 설움이
싸늘히 굳어버린 먹먹한 가슴을
짓눌러 가파른 그 길이
더디기만 합니다

오르고 또 오르다 보니
어느새 찬 바람 비집고 들어와
살점을 떼어낸 자리를
갈기갈기 찢어 놓습니다

축복받지 못한 운명 탓으로
돌려버린 발걸음에
가시가 박혀 아파옵니다

하지만 다행입니다
참 다행입니다
두려움에 떨던 작은 심장은
한 줄기 빛을 꼭 부여잡고
희망 안에 놓였으니 말입니다
사랑이라는 이름을 더하여

난독증

퍼런 설움이 파장을 일으킨다
달빛마저
어깨를 들썩이며 흐느낀다
토하지 못한 가슴 응어리
알기라도 하는 듯이

이끼로 가득 찬 우물 앞에
한 여자가 서 있다
눈물이 났다 가슴이 너무 아려와서
생명 연장기에 매달려 거친 호흡을 하는
뇌사자가 눈앞에 있었기 때문이었다

그녀의 헤진 가슴속으로 낡은 우물이
절름거리며 걸어 들어온다
영혼 없는 멍한 눈동자 침대에 누워 있다
놓지 못한 보라색 책 손에 꼭 쥔 채

엄마

초혼이 전염병처럼 퍼지던 그 시절
어린 꽃도 시집이 가고 싶었다
달빛만 봐도 설레던 로맨스는
설익은 금단의 사과를 베어 물었다

제 살을 파고드는 가시가
아픔이 되는 줄도 모르고

거울 앞에 서 있는 하이얀 새치가
씁쓸하게 그녀를 보고 엷은 미소를 짓고 있다
마흔 여섯 살
눈가에 페인 주름
인생이라는 무게

가스레인지에 올려놓은 김치찌개가
소리를 지른다
화들짝 놀란 여자는 제 새끼 끼니 챙기느라
오늘도 분주한 아침이다

이정표

별빛 부스러기들이
영혼 없는 밤하늘에
하얗게 분진을 일으킨다

쓰다 만 낙서들로 켜켜이 쌓인
책장에 까만 밤들이 무너져 내리면
슬픈 도시의 이름 모를 표지판은
또다시 적막을 깨워 허공을 헤매인다

멈춘 삶의 정적이 흐르는 이 순간
또 무엇을 생각하는지
물음표 하나
한켠에 웅크리고 있다

E-mail : dr2am1004@naver.com

- 베이비박스에 희망을 싣고
- 아빠라는 이름 하나
- 가을이 익어가는 길목
- 해바라기
- 별이 빛나는 밤에
- 비를 기다리며
- 그대 그리운 날에

- 서울 출생
- 계간 『시세계』 시 부문 등단(2015년)
- 월간 『문학세계』 동시 부문 등단(2015년)
- 제13회 시세계문학상 시 부문 본상 수상
- 제12회 사계 김장생문학상 시조 부문 수상
- 한양문인회 정회원
- 한국베이비박스문인협회 회원
- 시소놀이터 동인
- 공저 『베이비박스에 희망을 싣고』(2집)
  『한국을 빛낸 문인』(2015년)

베이비박스에 희망을 싣고

투둑투둑

여린 가슴 부여잡고
너를 내려놓았을 때
온 세상 시간이 멈추고
뽀얀 배냇저고리 위로 떨어진 눈물

온기 가득한 젖가슴
익숙해지기도 전에
그렇게 이별을 먼저 알았다

검은 밤이 눈두덩을 쓰다듬고
깊은 잠에서 깨어났을 때
가장 먼저 환한 빛이 보이고
따뜻한 손길이 다가오고
미소 띤 숨결이 고이 감싸 안는다

힘찬 울음으로 대답한다
오랜 습관인 듯
무언가를 찾는 여린 입술
그렇게 또 하나의 사랑이 되었다

베이비박스
그저
사랑이라 기억하고
희망이라 부르리라

아빠라는 이름 하나

거센 비바람 걷힌
맑고 깨끗한 하늘로
먼 길 가신 우리 아빠

그저
말없는 산이고
잔잔한 호수고
포근한 바람이고
살가운 햇볕이었던

아버지라는 이름보다
아빠로
영원히 남겨진 이름 하나
마지막 가는 길에서야
무심했던 딸이
하염없는 눈물로 용서를 빕니다

영원히 곁에 계실 거라 믿었던
철없음에 또 눈물이 납니다

이제는 아픔 없는 곳에서
환히 웃으며 지낼 딸의 모습

지켜봐주세요

평생 제대로 하지 못했던 말
사랑합니다
보고 싶어요

우리 아빠

가을이 익어가는 길목

갈바람 스쳐 가고
수줍게 얼굴 들어

바람에 몸을 맡긴
코스모스 춤사위

바람이
지나간 자리
붉어진 가을 길

높다란 가을 하늘
새하얀 뭉게구름

초록의 싱그러운
알밤 영그는 소리

구름이
지나간 자리
익어가는 가을밤

해바라기

어쩌다 나는
너만 바라보는
꽃이 됐을까

어쩌다 나는
너를 닮아가는
내가 됐을까

너만을 사랑하는
행복 꿈을 꾸는
태양의 미소

별이 빛나는 밤에

오래전
전등불 하나 없는
칠흑의 어둠에서 만난 별무리
그저 말없이 눈물이 되었다

깊은 밤 어둠을 뚫고 내리는
애잔한 그리움이여
하나 둘 머릿속에 그려지는
애틋한 사랑이여

별을 눈에 담고
빛을 가슴에 품어
그리운 사랑으로
기나긴 밤을 채워간다

비를 기다리며

거센 소낙비가 아니어도 좋다

그저 까맣게 타들어가
쪼그라진 심장을
촉촉이 적셔 숨 쉴 수 있게
하루 종일 차분히 비가
내렸으면 좋겠다

아득한 그리움에 지친 내게
익숙한 리듬으로 창을 두드리면
나는
온종일 빗소리에 귀 기울이고
봄을 가득 품은
목련차 한 잔에 마냥 행복하겠다

조금은 느린 노래 나지막이 틀어두고
창문에 그려진 그림에
제목을 붙여보고
노트에 글도 끄적이는
작은 희망을 품어본다
종일 비 내리는 날
자꾸만 기다려진다

그대 그리운 날에

햇살 눈부신 날에는
부서진 한 조각 빛이 되어
그대 머리 위에 내려앉고 싶다

바람 부는 날에는
바람 따라 떨어지는 꽃잎 되어
그대 어깨에 기대고 싶다

비 내리는 어떤 날이면
유리창에 흩어진 빗물 되어
그대 가슴에 스미고 싶다

그대 그리운 날이면
나는 그대 뒷모습에도
미소 짓는 그림자이고 싶다

오늘처럼
그저…
그대 그리운 날에

天率 도 현 미

E-mail : guslgusal@naver.com

작품

- 먼 발치에서
- 수고했어 오늘
- 봄이라서 그래
- 침묵으로 주고받은 말
- 추억의 이름
- 빈 가슴— 하나
- 빈 가슴— 둘

프로필

- 전북 김제 출생
- 한국문인협회 회원
- 한국베이비박스문인협회 회원
- 그루터기에 앉아 쉬는 바람 동인
- 공저 『베이비박스에 희망을 싣고』(1, 3집)
  『형천(한국문인협회 무주지부)』(24호)
- 동인지 『꿈에 날개를 달자』

먼 발치에서

다가갈 수도 없고
돌아갈 수도 없고
옮길 수 없는 발걸음

오도카니 서서
그림자를 쫓는 바쁜 눈
우뚝 선 그림자에
움츠러드는 길 잃은 눈

투명한 설렘에
물이 들까 봐
고운 기억 빛에
거친 색 덧입힐까 봐

복잡해진 머릿속
환한 불 밝히고
어수선한 마음
황급히 수습하고

잘 지내지?
눈으로 보낸 말
행복해라
눈으로 받은 말

힘겹게 돌아선
아쉬움 한가득
그리움 한 다발

수고했어 오늘

손으로 소중히 받아내자
눈물이 되어버린 눈솜
손가락 새로 흘러 버리는
바람 같았던 매일

체로 걸러 흩어진 부신 햇살
아리고 찬란한 부서짐
고운 천에도 흔적 없이
기꺼이 비산한 오늘

기어이 의미를 두고
애써 무언가 남기고
집착으로 얼룩덜룩 덧칠

비우자 다짐했건만
흐르게 두자 맘먹었건만
늘 마주 앉아 대면하는 한숨

언제부터였나
부여잡으려는 헛된 손짓
어느 순간 잊혀진
하루를 온전히 살아낸 고마움

절친 무릎 맞대 앉아
머쓱하게 눈 맞춤
이제라도 온전히 안으리
고마움으로 그득 채우리

봄이라서 그래

이른 꽃잎 적시는 걸 미안해 하며
우는 빗물이 안쓰럽고
시절 간 줄 모르고 천진하게 나리는
진눈깨비가 안쓰럽고
그걸 바라보며 힘 빠진 미소 짓는 건

몸서리치게 잔인한 계절이 옴을
달력 숫자로 알게 되어 씁쓸하고
따스한 봄볕 애타게 갈구하다
피다 만 꽃잎에 슬피 울게 되는 건

살랑살랑 봄 입김에
연둣빛으로 물오를 시절을
자애로운 봄 햇살에
노란 개나리꽃 피어날 세월을
두 손 모아 간절히 기도하는 건

침묵으로 주고받은 말

주고받는 말없이
고스란히 전해진 마음
좋을 땐 말 없어도
이심전심

알아주길 바랐고
알고 있다 믿었는데
말 없음으로 물으니
말 없음으로 답을 하네

그저 각자의 착각
그렇게 침묵으로
서로를 동여맸네

추억의 이름

지난날의 추억이여
돌아보니 아득하네

소꿉장난 어린 시절
꿈 한가득 학창 시절
어쭙잖던 청춘 시절

지난날의 추억들은
어찌 그리 애달픈가

빈 가슴— 하나

떠나갔다
네가

보내줬다
내가

미련 없이
흔적 없이
지웠다

빈 가슴— 둘

바람 이는 나무
울고 있는 수풀
바람구멍 숭숭
울고 있는 가슴

빈 가슴 채우건
그득그득 그리움
멍울멍울 먹먹함
가물가물 기억들

鴻顔 서 수 정

E-mail : tnskadl45@naver.com

작품

- 백일홍
- 가을 연가
- 석류
- 박꽃
- 눈 내린 아침
- 아가야

프로필

- 충북 청주 출생
- 대한창작문예대학 졸업
- 『대한문학세계』 등단(2014년)
- 월간 『문학세계』 시 부문 등단(2015년)
- 월간 『시사문단』 수필 부문 등단(2016년)
- 한국예인문학 제2회 인학문학상 수상
- 전국 순우리말 글짓기대회 장려상 수상
- 2015 명인명시 올해의 시인상 수상
- 2017 25인 명시 선정
- 한국문인협회 회원
- 창작예술인협회 회원
- 한국예인문학 회원
- 밀양문학 회원
- 책 속의 한 줄 희망 동인
- 창작문예지도자 자격증 취득
- 시집 『하송정 2 길에』
  공저 『베이비박스에 희망을 싣고』 『우리들의 여백』 『유화에 시를 담다』 『초록이 가을을 만나다』 『들꽃』 외 다수

백일홍

초하의 문이 열리면
내내 참았던
그리움들
툭! 툭!

향기 나는 꽃으로
연분홍 사랑으로
백날을 피고 지며
그대 오실 길에 피어납니다

바람이 지나며
전해 준 임 소식
애달픔에 주르륵
눈물 흘리다

구름이 보여 준
임의 얼굴 보고
기쁨에 방끗
웃음을 보이는 그대

늘 하루가 백날이길
백날이 하루이길
뜨거울수록 더 뜨겁게
기도하는 그대

가을 연가

높고 파란 하늘에
고추잠자리 한 쌍
빨간 꼬리
서로 물고 뜯고

한여름 뙤약볕에
익은 사랑에
죽고 못 사는구나

초록의
푸르던 잎도
서서히 물들어
황혼으로 가고

들판의
허수아비
풍년가 부르며
덩실덩실 어깨춤 추니

초가을
여기저기
사랑의 결실이
주렁주렁

석류

꽃이 진 자리
볼록한 혹이
하나둘 늘었다

여름 내내
태양 빛으로 키우고
갈 볕에 살찌우더니

소리 없는 가을비에
불룩하던 배
툭!

앞 단추가 터지고
빠알간 배창시*가
비 마중을 나왔다

* 배창시 : 배안의 창자를 말하는 전라도 사투리.

박꽃

초가을 담장 위에
둥그런 박 한 덩이

새하얀 박꽃 잎이
어둠 속 웃고 있네

별들이
밤새 뿌려둔
사랑놀음 하면서

눈 내린 아침

이른 새벽
언덕 위의 집 앞
키 큰 소나무에 매달린
확성기
신이 나서 노래를 한다

부시시
눈 비비고
방문을 열어보니
새하얀 분칠한 세상
어서 오라 손짓을 한다

반가움에
부랴부랴 뛰쳐나갔다
빗자루에 삽을 들고
비장한 얼굴로 서 있는
어른들

한 손엔
비료포대 하나 쥐고

맨주먹 불끈
입가에
미소 가득 머금은
아이들

아가야

태어나자마자
작은 부스 안에 버려져
이름도 성도 잃은 채
울고 있는 아가야

어미의 품이 아닌
낯선 이의 품에서도
쌔근쌔근
천사 같은 아가야

선택하기보다
선택을 기다려야 하는
사랑스런 아가야

버려진 아픔보다
혼자되는 외로움이
더 아프다는 사실을
벌써 알았구나

미안하다 아가야

지금의
아픔은 잊고
사랑 속에서 자라서
그 사랑 나누어라

세상의
빛이 되고
소금이 되어
행복한 세상의
주인이 되거라

아가야

선 지 현

E-mail : tjswgus75 hanmail.net

- 오월에 햇살처럼
- 엄마 모습
- 공개 수업
- 요양병원 24시
- 가을 산책
- 사월의 만남
- 희망의 나무

- 세종시 조치원 출생
- 계간 『시세계』 등단(2016년)
- 『한국시조문학』 시조 부문 등단(2017년)
- 문학콘서트 시&연인 회원
- 문학세계문인회 정회원
- 한국베이베이박스문인협회 정회원
- 한국독도문인협회 정회원
- 한국시조문학진흥회 정회원
- 공저 『베이비박스에 희망을 싣고』(3집)
  『독도플래시몹』

오월에 햇살처럼

초록의 신록이 아름다운 계절
한 주의 고됨이 지쳐 있던
나를 깨우고 눈부신 태양은
내 영혼을 잠시 멈추게 한다

푸름에서 느껴지는 아름다운
풀 내음 향기가 잠들었던
내 마음마저 깨어나게 하고
향긋한 장미향 사랑이 되어
오늘을 선물한다

하루의 시작은 희망으로
마무리는 사랑 가득 보람 가득
작은 행복으로 채워질 것을
예감하면서 멋지게 승리하는
행복한 오월이여라

엄마 모습

병실 창가 놓인 꽃을 본다
힘없이 누워 있는 엄마 모습
요즘 힘겨우신지 가쁜 숨을
몰아쉬는 울 엄마
가슴이 힘겹게 움직인다

배가 점점 불러와 힘드시나

간병인 아줌마가 잠을 많이
주무신다고 걱정하신다
아프지 말고 잠을 자듯이
편히 가시면 얼마나 좋을까

여동생 와도 자꾸 졸립다며
눈을 뜨지 못하는 엄마
그렇게 좋아하던 손주 얼굴
제대로 보지 못하고
대전에 내려가신다는 말씀만 되뇌인다

자주 찾아뵙지 못하는
자식들 심정
엄마 모습 눈을 떼지 못하는

큰딸의 마음
소리 없는 눈물만 흐른다

“엄마 아프지 말아요
자식들 손잡고
여행이라도 가지요”

엄마가 올 때마다
엘리베이터 앞에서
헤어짐이 싫은지
얼굴만 쳐다보시며
“고마워” 말을 하신다

엄마 모습
많이 볼 수 있으면 좋으련만
시간이 기다려주지 않는다

“사랑하는 울 엄마!
좋은 추억들만 간직하세요”

공개 수업

아침 시간이 정신없다. 쳇바퀴 돌 듯
연중이 학교 공개 수업 있던 날,
수업이 시작되기 전 교장 선생님과
차 한 잔 마시고 아들 교실로 들어갔다.

엄마 보더니 방긋 웃는 우리 아들,
도덕 공개 수업 내용은
'소중한 친구' 란 주제로 수업하면서
아이들의 웃음소리가 교실 안에 울려 퍼졌다.

감정조절 안 되어 힘들어 하는
연중이 마음을 읽는 것 같아
가슴이 아팠다. 모듬 감정을 쓰는 시간
유나가 모듬 장이 되어 종이에 친구들과 얘기 나누며
적어 내려갔다.

아이들 마음을 알아서일까?
서로 웃으면서 적는 모습이 예쁘다.
담임 선생님께서 공개 수업 끝나고
체육 공개 수업 있어 강당으로 이동했다.

아픈 아이들 있어 의자에서 쉬며
친구들 공개 체육 활동 수업을 본다.
연중이가 "엄마! 친구들 사진 찍지 말래!"라고 말했다.
친구가 "연중이는 참 좋겠다. 관심을 가져주는
엄마 있어" 행복한 마음 가득한 날이다.
교감 선생님 오셔서 아이들 체육 수업 보시고
옆에 있는 친구들을 보시면서 미소로 답하신다.

금요일에 체육대회를 하는데
"참여하지 못해 아쉽다"면서
연중은 교감 선생님께 말씀을 드렸다.
체육대회 같이 뛰지 못하는
연중이 마음 알기에 애틋한 마음이 느껴진다.

요양병원 24시

관중이는 어르신들 안마하고
연중이는 얘기 들으며 웃음을 주고
3일 동안 아이들이 있어
사랑병동은 미소가 한가득

아픔으로 인해 어르신들의
얼굴에는 표정 없이
초점 없는 눈으로 멍하니
앉아 계시거나 누워 있는 모습

반복되는 삶 가운데 주말에는
오고 가는 가족들과 짧은 만남
오래 있고 싶지만 바쁜 자식들이기에
더 이상 붙잡지 못하는 어미의 마음

아이들이 찾아와 어르신들 옆에 앉아
말벗이 되어주고 아프신 곳을 어루만지는
따뜻한 손길이 그리운 어르신들이기에
마음 한켠이 아려온다

아픔이 아닌 평안한 안식처가 되어줄
그런 세상에 살고 싶은 마음은 다 같지만
삶과 죽음은 다르지만 고통 없이 이 세상
살고픈 마음 한이 없어라

가을 산책

맑은 가을밤 별무리
이슬에 숨었는가
신선처럼 청솔들은
구름 타고 논다

하늬바람 불어와
잎새들과 춤을 추고

먼먼 산 강물로 내려와
하늘 길을 걷는다

단풍 숲 너머
노란 은행잎 밟고
달빛이
내게로 걸어온다

사월의 만남

따스한 사월 햇살 다소곳한 교회 창가
즐겁게 배운다는 각오를 다지듯이
은혜의 오케스트라 선생님을 만난 날

오늘은 도란도란 얘기꽃 나눈 시간
악기별 선생님과 첫 수업 기대하듯
악기는 축복의 통로 벚꽃 향을 날린다

희망의 나무

이른 시간, 선생님으로부터 전활 받았다. "중학교 배정 문제로 교육청에 가서 상담 받은 결과가 나왔다."며 전화를 주셨다. 학습 도움반 선생님과 함께 방학을 하기 전에 여러 번 만나서 상담을 받고 필요한 서류들을 챙겨 선생님께 드렸다. 결과가 어떻게 나올지 몰라 나도 나름대로 서류 준비를 해갔다. 교육 지원청에 가서 보니 서류 접수와 상담하시는 선생님들 모두 분주히 움직이셨다.

장애 심한 아이들은 2층으로 올라가서 다른 검사도 받게 되지만 우린 병원에서 받아온 검사 결과지를 내서 그런지 따로 검사받는 것은 없었다. 상담할 때 아이와 함께 앉아 얘기하다가 선생님이 옆에서 듣고 있으면 상처가 될 것 같아서 아이를 다른 곳에 보냈다. 내가 아이의 입장에서 본다면 마음에 상처가 남아서 말도 안 할 것 같아 마음이 아프다.

상담하면서 "장애 등급을 안 받았냐?"고 내게 되묻는다.

교수님이 "장애등급 받을 필요 없다."고 말씀을 하셨다. 장애등급을 낮게 받아야 혜택이 있을 뿐, 우리처럼 어중간에 있는 아이들은 혜택 받지 못하고 있는 현실을 반영한 자문이다.

큰아들은 기관사 되는 꿈을 가지고 있다. 그 꿈을 향해 노력하는 모습들을 보이는 아들 앞에서 "장애인카드가 있으면 학교 갈 때나 취업하기에 좋다."라고 장애인 카드

만들라고 아들에게 강요하는 것이 싫었다. 아들의 장애인 카드를 만들어야 되는데, 버럭 화를 내는 아들을 바라보면 마음이 아프다. 상담을 받고 온 아들에게 친구들과 기차 여행 잘하고 오라며 말을 했지만 아들은 뒤도 돌아보지도 않은 채 역으로 들어갔다.

아들과 함께 병원과 치료센터를 다닌 지 12년이 되었다. 내 삶에서 아들이 나에게 기쁨과 슬픔을 주었지만 그 아픈 시간을 통해 예전에 몰랐던 은혜와 감사, 기쁨을 느끼고 있다.

나무에게 물을 주듯, 아이에게도 사랑과 기쁨을 심어주는 희망 나무 역할 할 것을 다짐해본다. 지금 나의 고난도 축복이란 사실 또한 깨닫는다.

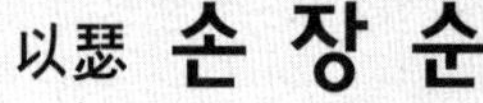

E-mail : sjs25087@naver.com

- 바다
- 베이비박스 희망의 문을 열다
- 꽃길
- 꽃과 나비
- 인생
- 인연

- 전북 무주 출생
- 계간 『시세계』 등단(2016년)
- 한국베이비박스문인협회 정회원
- 문학세계문인회 정회원
- 그루터기에 앉아 쉬는 바람 동인
- 공저 『말(言)들이 수행하는 절간(寺)』
  『한국을 빛낸 문인』(2016년)
  『하늘비 산방』

바다

푸른 품에 안겨
오늘을 노래하고
어제를 푸념하고
마음에 쌓인 응어리를 버려도
그저 묵묵히 서성이던 너

묵직하고
버거운 발걸음으로 다가서서
내 안에 가득 찬 서러움
토해내니
저 깊고 깊은
심연의 끝자락에
묻어둔 침묵의 문을 열고
힘겨운 오늘
가벼워지라는 듯
노래를 한다

철—썩 처르르
철—썩 처르르

베이비박스 희망의 문을 열다

소리 없는 발걸음으로
내 품에 들어온 아가
너는 둥지를 틀고
밀어내도 다시 들어와
모태에 더부살이 중이다

멈춰버린 시간 앞에
가슴 가득 품을 수 없는 나날
너는
계속 멈출 줄 모르고 질주하고

삶에 지친 상념의 나날
하염없이 묻는다
묻고 물어도 답은 없다
끝이 보이지 않는 망설임
더듬더듬 어느새 종착역

내 살을 찢는 고통 앞에
몸부림치며 발버둥거리며
하염없는 시간은 긴긴 고통 안고
어둠으로 치닫는다

응~애~~응~애 너의 첫소리
태어남 설렘 잠시
품에 안은 아가야 너의 향기
코끝으로 떠날 줄 모르고
너를 바라보는 젖은 눈빛
간절한 사랑 심장이 멎을 것 같아
내 마지막 사랑이
망설이다 망설이다
베이비박스 희망 문을 연다

뒤돌아서 나설 때 잊기 위한 몸부림
어둠에 가려진 하늘도 빛을 잃고
공허함으로 하염없이 숨 막힌 영혼
시린 가슴 하늘에 걸어두고
흐르는 눈물 뒤로한 채 마음 문을 꼭꼭 닫는다

꽃길

울퉁불퉁
돌길처럼
굴곡진 삶에
향기로 다가선 그대

그대의 마음 따라
한 발
한 발
내딛는 발걸음마다
꽃향기 그윽한
어제와 오늘

그대가 서 있는
저 너머 끝
가는 길은
향기 그윽한
꽃길

내 마음에
그대가 심어놓은

꽃밭 사이에
그대
따뜻한 사랑이
꽃길을 만든다

꽃과 나비

지친 나래는
쉴 곳을 찾아
헤맨다

바람으로 손짓하는
향기는
꽃이되 꽃이 아니고
꽃잎으로 부르는 꽃은
허울 좋은
껍데기일 뿐
허공을 헤매는 날갯짓은
멈추지 않는다

별꽃 사이에
바람이 분다
가슴을 열어
손짓하는 여린 춤사위
나비의 날갯짓은
작고 앙증맞은
별꽃의 향기에
앉았다

인생

웃고 살아도
한세상
울고 살아도
한세상

향기로운 꽃도
시간 앞에 스러지고
밝은 달도
파도 소리에 사라지는
인생살이

세상사
욕심도 내려놓고
미움도 내려놓고
사랑만 가득 안고
살아도 서글프련만
무엇이 두려워
오늘도
삶의 무게를
가슴에 차곡차곡
쌓고 있나

인연

좋은 인연으로
향 내음 가득한
낭만의 인연으로
티 없는 정으로
느낌만으로도
함께하는
정겨운 우리라면
좋겠습니다

행복이 가득한 오늘이
내일로 이어지길
소망해 봅니다

밤바다의 고요와
까만 어둠 속
파도 소리는
어두운 적막 속에서
고요함을 깨기 위해
수백만의 하얀
물방울을 몰고 오듯

우리 인연도
고요함 속의
아름다운 수다로
행복을 나눠 가지는
인연이길 소망해 봅니다

E-mail : hks1072@daum.net

- 천륜
- 찰나
- 순리
- 인생
- 아픈 나

- 전북 부안 출생
- 계간 『시세계』 시 부문 등단(2015년)
- 『대한문학』 시조 부문 등단(2015년)
- 『한국시조문학』 시조 부문 등단(2015년)
- 문학세계문인회 정회원
- 창작예술인협의회 정회원
- 한국베이비박스문인협회 회원
- 그루터기에 앉아 쉬는 바람 동인

천륜

널 두고
돌아서는 발걸음
한 발 두 발은 천근만근
이슬 맞으며 돌아서지만
마음은 아직도 네 얼굴에

잊자 잊자
마음 다잡아 보지만
울컥 치밀어 오르는 뜨거운 끈
무거운 발등에 떨어지는 눈물

인연이면
놓으면 그만인데
놓아도 놓을 수 없는
너와 나는 천륜인 것을

지금은
헤어지지만
언젠간 다시 만날 운명이라 생각하며
안개 속으로 터벅터벅 걸어간다

찰나

사랑도
인생도
해찰하면 괴로운데

세파에
지친 마음
위로라도 하려거든

찰나도
성찰인 것을 알아
허투루 살지 말자

순리

자연은
머물고 떠남을 아는데
어이해
나는 호들갑을 떨었는가?

계절도
내 인생의 울타리 안에 있거늘
흐르는 시간도 붙잡아
여유롭게 살면 되는 것을

인생

서쪽으로 지는 노을
한없이 서러워라
고독에 우는 마음
세월의 짐 무겁소
그래도 잘 참아왔다
파도 소리 대답하네

햇살은 스러지고
초라해 작아진 나
바람이 건드리면
눈같이 사라질라
버티고 살아온 인생
은빛 물결 빛나네

윤슬로 내리치듯
꿈들은 빛났건만
용기가 숨어 버려
세월에 빛바래도
꿈꾸며 살아온 인생
그것은 행복한 자유였더라

아픈 나

그토록 바라보던 너
가까이 다가서는데
시립도록 높기만 한 네 마음
보기만 하여도 가슴을 설레게 해

너에게 향하고 있는 마음
자꾸 밀어내는 너의 몸짓
바보같이 오늘도
너의 마음에 다가선다
너에겐 내가 없구나

그런 내가 미워서
그런 내가 아파서 눈물이 난다
네 곁에 다가서면
아름다운 향기 아픔으로 묻어나
돌아서는 발걸음에
무거운 눈물만 뚝뚝

우 현 식

E-mail : woos452012@naver.com

작품

- 하늘 물빛정원의 꿈
- 아기씨 행차
- 가을 오케스트라
- 비정의 밤
- 만추(晩秋)

프로필

- 계간 『시세계』 시 부문(2015년), 시조 부문(2016년) 등단
- 계간 『시조문학』 시조 부문 등단(2016년)
- 한국베이비박스문인협회 회원
- 공감예술문학SNS작가협회 회원
- 시집 그리고 에세이 동인

하늘 물빛정원의 꿈

파란 하늘이 내려앉는다

허브향에 감성 적시우고

작은 물빛을 오롯이 담은

마음들이 쉬어가는 정원

그 자리에 꿈 하나 심는다

구름 너머 모인 마음들이

윤슬의 아침 문안을 받고

영롱한 이슬을 머금고서

서로를 격려하며 빛나니

마음들이 꿈으로 자란다

아기씨 행차

아장아장
공주마마
앞장서서 걸어가면
안절부절
엄마 상궁
엉거주춤 뒤에 시립
공주님 행차하신다
모두 물러서거라

뒤뚱뒤뚱
왕자님
위풍당당 앞장서면
근위대장
아빠 무사
얼굴에 미소 지며
왕자님 행차하신다
호탕하게 외친다

피어나던 꽃들은
수줍음에 늘어서고

재잘대던 새들은
화려한 군무를

아기씨 행차길에는
온 세상이 잔치다

가을 오케스트라

눈 시린 파란 가을 하늘에
하얀 구름 음표 떠다니다
부는 바람의 지휘에 맞춰
악보 하나가 만들어지면
고운 단풍이 합창을 한다

그대 얼굴 닮은 음표 하나
내 마음 가득한 쉼표 하나
예쁜 사랑의 표현과 감정
가을 하늘 붉은 노을 되어
부드럽게 화음을 넣는다

가을 들녘 가슴 적셔주는
바람과 노을의 협주곡에
꽃들도 하늘하늘 춤추니
객석에 앉아 지켜보던 난
황홀함에 눈물을 흘린다

비정의 밤

차마 울지도 못했으리
웃고 있는 너를 보고서는
좁디좁은 곳에 어린 너를 두고
돌아서야 했을 어미의 마음은

차마 사랑한다고도 못 했으리
달콤한 사랑 속에 너를 얻고서도
냉혹한 현실 앞에 비정해야 했던
속울음에 헐어버린 어미의 입에서는

떼이지 않는 발걸음에 돌아보다
현실의 공포에 떠밀려
비명도 지르지 못하는 오열로
뒤돌아선 모정을
아기가 알았을까
비정한 밤의 적막을
울음으로 깨운다

만추(晩秋)

가을이
밝아 오니
사방이 울음바다

햇살에
꽃이 울고
바람엔 나뭇잎이

만추(晩秋)의 아름다움을
울음으로 노래하고

가을은
밤이 돼도
울음은 멎지 않네

별빛의
빗소리에
풀벌레 울부짖고

새벽녘 도도하던 하늘
남몰래 울고 간다

가을이 깊을수록
눈물은 쌓여가고

거리에 뒹구는 건
아름다운 언약들

가을의 울음소리엔
사랑이 가득하다

윤 봉 덕

E-mail : deok4885@daum.net

작품

- 언어의 성형수술
- 거울과 러시안룰렛
- 평균 딜레마
- 모자 같은 저녁
- 소망
- 착한 사마리아인의 모순
- 천 개의 비

프로필

- 서울 출생
- 월간 『문학세계』 등단(2016년)
- 문학세계문인회 정회원
- 화성시문인협회 회원
- 넝쿨문학회 회원
- 한국베이비박스문인협회 회원
- 시의 향기 밴드 동인
- 그루터기에 앉아 쉬는 바람 동인
- 수학 강사
- 캘리그라피 강사
- 공부방 운영
- 이원구 시집 『꺾이지 않는 대나무』 캘리그라피 시화 6점 수록
- 이원구 시조집 『대숲이 품은 노래』 시화 6점 수록

언어의 성형수술

안개 늪에서 방황하는 언어의 함성이
바람의 정원에서 잠시 멈춘다

언어의 게놈지도를 해독하는 중이다

오늘은 언어의 유전자를 성형하는 날
기호들의 백색 아우성이
돌연변이를 도모할 수 있는 특별한 날

진화는 이제 식상한 메뉴로 전락하고
DNA… AND… DAN… DDD… NDA…
모스부호처럼 암호로 무장한 유전자들
선택은 거절당하고 무작위로 추출당한다

생각은 감성과 이성 사이에서 오리무중이고
금지된 게임 법칙처럼 접근 불능
화면은 꺼지고 재부팅 상태이다

시간이 필요한 바람의 수술실 안
안개와 언어의 유전자들이
수술대 위에서 교배 중이다

미래는 유보 상태이다

거울과 러시안룰렛

허리가 잘린 하루가 거울 속에 입력된다
게임은 승자만을 인정하는 단세포적 알고리즘
치밀하고 완벽한 평면의 프레임

준비는 된 거지? 사랑한다

거울이 돌아간다 러시안룰렛처럼 빠른 속도로
확대되는 홍채가 중심을 잃기 전에 주문을 걸어야 해

돌아간다 돌아간다 난 네가 필요하지 않아

운이 좋은 날
놀이공원에서 회전목마를 탄 적이 있었어
돌기만 하던 말들이 위아래로 달리기 시작했지
그날도 홍채가 커진 날이었어
방아쇠를 당기면 허공을 가르는 굉음

너의 심장은 안녕한 거니?

거울과 놀이공원이 물컹물컹해지는 순간
날쌔게 잡아챈 퍼즐 조각들이 아가의 속살처럼
말랑말랑해질 때 방아쇠를 당겨봐

탕 탕 탕…

거울 속 회전목마들이 하나씩 넘어지고
피는 흘리지 않는

평균 딜레마

어제부터 나의 육체는 사라지기 시작한다
손의 기억은
구름처럼 공간을 채우며
망각 속으로 날아갔고
두 다리는 파랗게 멍들어
근육은 싸늘하다

베이지색 린넨 원피스가
투명인간처럼 나풀나풀 걸어간다

오늘 아침은 토마토 주스
한 조각의 샌드위치
아메리카노 한 잔

원피스 안으로 스며들면
풍선처럼 빵빵해지는 포만감

더운 여름에는 민소매 원피스가 시원하죠
팔이 사라진 민소매 원피스

오늘은 얼굴이 사라진다
잠깐 나타났던 표정들이

딜레이를 누른 컴퓨터 화면처럼
잠깐 흐릿해지더니 사라진다

무거운 구두는 벗어버리세요
더운 여름에는 샌들이 시원해요
원피스 아래에서 샌들이 흔들거려요
다리가 사라진 여름 샌들

심장은 안녕한지 안부를 묻고 싶은
그런 날…

모자 같은 저녁

심장에 붓을 담가 들어 올려
하늘에 뿌려본다
채색되는 구름들이
심장의 한 쪽 귀퉁이를 레시피로 정한 저녁

메뉴판은 글자들을 인식하기 시작하지
모자 그림자 속에 촘촘히 박히는 은빛 스위치들
모자를 뒤집으면 쏟아져 내리는

오늘 저녁 메뉴는?

스위치를 누르면 모자들은
자리를 찾느라 분주해지고
어떤 모자들은
또 하나의 새로운 모자를 만들어
숨바꼭질을 시작한다

어디 있어?
모자 속에 숨었어
모자 안이 참 편안해
날 찾을 때까지 한숨 자야겠어

모자를 저녁이라고 부르는
휘어진 등이 모자 같은 날
일 년이면 그런 날은 어쩌다 한 번

심장이 모자 속으로 숨는

소망

그대 두 손에 오롯이
나의 심장을 맡길 수만 있다면
난 그대의 두 손이 되어
이 떨림을 함께 할 수 있으리오

그대의 입술에
내 이름이 영원히 머물 수만 있다면
난 그대의 언어 속에서 이 울렁거림을
시와 사랑으로 노래할 수 있으리오

그대의 따스한 호흡에
나의 몸을 영원히 맡길 수만 있다면
그대는 신선한 공기가 되어
내 영혼의 정화기가 되어줄 수 있으리

그대의, 그대의 가슴 안에서
나의 이 모든 소망들이
영원히 머물 수만 있다면…

나의 이 모든 떨림과 울렁거림은
불멸의 시어가 되고
사랑의 노래가 될 수 있으리

그대 안에서라면,
그대 안에서라면…

착한 사마리아인의 모순

오닉스처럼 영롱하다고 해서
모두가 보석이 될 수는 없겠지만
왠지, 우울해 보이는 것은
서로의 거리를 길들이는
연습일 수도 있지

너무 가까이는 곤란해

빛이 그림자 속으로 사라질지도 몰라
빛을 다시 만든다는 것은
조금씩 서로가 다가갈 수 있는
여유를 빚는 수고로움이야

익숙함은 늘 새로움을 망각하고
중요한 것을 놓쳐 버리곤 하지

굴곡진 삶을 바라보는 망막 속에
마음의 시력을 향상시킬 때
소중한 것들을 담을 수 있지

너의 귀는 고성능 안테나
칼날 같은 촉수로 흡입하는

세상의 모든 기호들을
소리로 해독할 수 있지

그러나
가장 나약한 네 안의 너를
해독하기 위해서는
착한 가면이 필요할지도 몰라

천 개의 비

천 개의 빗방울 안에서
천 개의 언어들이 쏟아져 내리네

수만 개의 빗방울 안에서
너의 미소들이 날개를 달고
나에게로 쏟아져 내리네

지상으로 지상으로

온몸으로 낙하하는 비들의 향연
그 안에서 우주를 보네

빗방울 안에 감추어진
바람과 별 그리고 못다 한 언어들

오직 하나의 소리로…

이 경 상

E-mail : hugang@kbs.co.kr

작품

- 민들레 베이비박스
- 고양이 베이비박스
- 강아지풀 베이비박스
- 나팔꽃 베이비박스
- 장갑의 페르소나
- 강화의 교동도
- 달맞이꽃

프로필

- 서울 출생
- 계간 『시세계』 시 부문 등단(2016년)
- 『월간문학』 등단(2016년)
- 『한국시조문학』 시조 부문 등단(2016년)
- 수안보온천 시조문예축전 시조문학상 특별금상 수상
- 문학세계문인회 회원
- 월간문학 회원
- 한국시조문학 회원

민들레 베이비박스

관악산을 올라가는
초입의 길

무수한 발걸음이
오고 가는

한가운데에

민들레꽃 하나 꿋꿋이
피어 있다

어디서 날아왔는지도
누가 낳아줬는지도 모르는

작은 씨앗이

따뜻한 햇살의 보살핌으로
어느덧 자라나

기특하게도 보란 듯이
화알짝 웃고 있다

함부로 버려졌다고
소중히 피어나지 말란 법은
없다

민들레야
너의 강인한 의지가
고맙구나!

세월의 무상에
잠시 젖어든 나그네의 마음

너를 바라보는
미소로 다시 따뜻하구나

고양이 베이비박스

무정한 햇살 아래
새 아침부터 들리는 갓난아기의
애끊는 목소리

에밀레종처럼
끊어질 듯, 이어질 듯
들려온다

집 없는 고양이 새끼
한 마리가

차거운 시멘트 바닥에
웅크려 우는 소리

먹을 젖도 없어 밥도 없어서
터진 풍선처럼 기운 빠진 목소리가

비애 젖은 풀잎처럼
가냘프구나

혀로 핥아 세수시켜줄
에미도 없어 얼굴에는 땟국물이

껴 있구나

빗질해줄 아빠도 없어
머리털은 잡초처럼 푸석푸석

천애 고아가 되어
울고 있는 너의 슬픈 운명을
아는지 모르는지

네 에미, 애비 된 부모는
어느 하늘, 어느 다리 밑에서

또 무슨 무책임한 불장난을
저지를 것이냐

강아지풀 베이비박스

개 무섭게 더운 초복 날에
개 부모는 어디 간지

아니 보이고
아무 이유도 모른 채

사막 한 도시의
삭막한 시멘트 계단에 버려진,

강아지풀 한 마리
세상모르게 꿀잠 자고 있다

배고프면 밥 달라고
'멍멍' 짓느라 목이 쉬어도

지나가는 행인 누구도
거들떠보지도 않는 무정함에

저 멀리 능수버들 슬프게
머리카락 늘이고

매미는 제재소 나무 자르듯
이따금씩 곡을 하건만

씀바귀처럼 씁쓸한 삶
질경이처럼 끈질긴 생명력으로

보란 듯이 잘 자라나

샛강의 샛길에 지나가는
나그네의 마음

그나마 뜬구름처럼
가비업다

나팔꽃 베이비박스

비어진 집처럼 무참하게
버려져 깨어진

화분의 흙더미 속에 슬쩍
심어져 있던

작은 씨앗 하나 그럼에도
자라나

보라돌이 귀여운 애기
나팔꽃이

방긋이 웃고 있네

네 에미, 아빠가
마음 아프지 않게 보란 듯이

강하고 꿋꿋이 자라나거라

아무리 세상이 험하더라도
천진난만한 그 미소는 잃지 말거라!

아가야 알긋지?

장갑의 페르소나

나는 먹고 살아남기 위해서
어제도 오늘도 내일도
얼굴 없는 얼굴에 장갑을 끼고
때로는 또 다른 얼굴 없는 얼굴에 장갑 낀
사람과 악수를 하고
때로는 저 멀리 얼굴 없는 목소리에 장갑 낀
사람과 악수하면서
하루의 가치 없는 가치의 노동을
하고 난 다음
집 없는 집에 돌아와서는
장갑을 벗고서 고독의 참 얼굴로 누워
꿈속에서 나를 찾는다

강화의 교동도

쪽빛 선명한 하늘 아래
황해도 연백이 바로 저기인가 보나

분단의 아픔으로 막혀
이제는 가 볼 수가 없구나

이곳 섬에도 벼 이삭은 고개를 숙여
황금으로 익어가고 있는데

남산포 선착장에는
만선으로 수고하던 어선들이 모처럼
단꿈을 꾸고 있는데

저곳 북녘 땅에도

농부의 땀은 보람으로 결실을
맺고 있을까

어부의 삶은 잠시라도 휴식을
취하고 있을까

맨눈에 지척으로 보여도
알 수가 없구나

이곳저곳을 자유로이
넘나드는 갈매기에게 아무리 물어도

끼룩끼룩 울기만 할 뿐

대답 없이 궁금증만 메아리쳐
되돌려주어 가슴은 답답하기만 한데

모든 것을 보아왔을 태양은
오히려 시치미 떼고

석양의 바다 위에다
노을의 비단 이불을 조용히 깔고

지난 세월은 잊으라 하네

달맞이꽃

석양이 비단 금침으로 물들면
정든 님께서 오시려나
기다려 보나
고온 님 오시질 않고
서리처럼 서럽게 차거운 달빛만
바라보는데
밤이 점점 깊어질수록
슬픈 꽃잎 얼굴에 이슬처럼
눈물만 맺혀
긴 밤을 뜬눈으로 지새우는
고독의 여인인가
입술에 진한 립스틱 바르던
보람은 산산이 부서져
기다란 한숨만 쉼 없이 새어 나와
야래향만 짙어가누나

이 미 선

E-mail : lyhlms@hanmail.net

작품

- 너의 눈망울을
- 벚꽃비
- 사계절
- 창밖의 비
- 부모님 전 상서
- 홍시
- 그날…. 그리고 내 새끼

프로필

- 충남 논산 출생
- 유아교육과 졸업
- 계간 『시세계』 시조 부문 · 동시 부문 등단(2015년)
- 월간 『문학세계』 수필 부분 등단(2015년)
- 『한국시조문학』 등단
- 베이비박스 문학상 수상
  (제1회 제2회 창작문학대상 수상)
- 한국시조문학진흥회 정회원
- 문학세계문인회 정회원
- 한국베이비박스문인협회 사무총장
- 어린이집 원장 19년 차
- 공저 『베이비박스에 희망을 싣고』(1, 2, 3집)
  『한국을 빛낸 문인』(2015년)

너의 눈망울을

너의 눈망울을
살포시 바라보고 있노라면
너와 하나 된 나의 모습 보인다

너의 눈망울에는
뭉게구름 떠다니고
나비가 훨훨 춤추며
까르르까르르 행복 넘쳐흐른다

너의 눈망울을
가만히 바라보고 있노라면
꽃비가 촉촉이 내려와 나를 적셔준다

너의 눈망울에는
아카시아 향기가 있고
수많은 별이 노래하며
너와 나의 미래가 담겨 있다

벚꽃비

애타게 기다리고 불러주는 이 없어도
코끝 찡한 동장군 스르르 물러나면
보일랑 말랑 더딘 걸음 살랑살랑 다가오네
움츠렸던 생명 꽃봉오리 맺더니
내 마음 온통 꽃향기 가득하고
사각사각 마음속에 어느 순간 자리 잡는다
흩날리는 꽃비 맞으며
구름 속 걷는 듯한 황홀감에
절세미인 된 듯한 착각에 빠져드네
달콤한 솜사탕 입안 한가득 베어 물고
벚꽃비 흩날리고 꽃향기 가득한 그곳에서
내 임에게 사랑 고백 받아보면 좋겠네.

사계절

가지 마라 매달리고 매달려도
흐르고 흐르는 게 세월이고
오지 마라 정든 임 보내기 싫어
길을 막고 몸부림쳐도 끝내 오는 건 세월이더라
오색 빛깔 뽐내던 개나리 진달래 목련은
한철을 못 넘긴 채 고개 숙이고
불볕더위 기승하면 짝 찾아 헤매는 매미 소리
모깃소리로 여름이 어찌 가는지 온갖 인상들로
우리네 늙어만 가고
가을바람 솔솔 불어오면 형형색색 단풍 구경
이 산 저 산 인파들로 북적북적 저마다 멋진
옷 뽐내느라 몸살 한번 앓고 지나가면
찬 바람 쌩쌩 나이 든 분들은 아랫목 찾고
연인들은 함박눈 기다렸다 둘만의 추억 만들고
아가들은 눈썰매 타러 가는 날 기다리는 계절
봄 여름 가을 겨울 우리에게 사계절은
세월이고 추억이고 인생이다.

창밖의 비

쏟아지는 창밖의 비는
어떤 이는 그리움이고
어떤 이는 님 떠나보내는 눈물이겠지
쏟아지는 창밖의 비는
어떤 이는 찾아오는 사랑이고
어떤 이는 보내야 하는 아픔이겠지
쏟아지는 창밖의 비는
어떤 이는 희망이고
어떤 이는 절망이겠지
쏟아지는 창밖의 비는
어떤 이는 근심 걱정
모두 날려버리는 새로운 출발이고
어떤 이는 근심 걱정 가슴에 묻어야 하는
잠 못 이루는 슬픔이겠지
쏟아지는 저 비는
지금 이 순간 나에게
그리움 사랑 희망 새로운 출발로
다가오는 그대이고 싶어라.

부모님 전 상서

나 어릴 적 밥상머리 둘러앉아
반찬 투정 부린 날 큰 눈 부릅뜨신 울 아빠,
그 큰 산 올려보기 무서워
물 말아 밥만 후루룩
동네 친구들과 사방치기 하던 날
초등학교 입학 선물 책가방 사다
내 등에 짊어 메 준 울 아빠,
그 큰 산 입가에 흐뭇한 미소 엊그제 일 같네
고등학교 입학식 부모님들 참석 안 한다는
그 말 서운했는지 오토바이 타고
입학식장 나타나신 울 아빠,
그땐 친구들 왜 부러워하는지 나만 창피했었네
고등학교 졸업 앞둔 셋째 딸
뭐든 앞서가야 한다며 면허시험장 손잡고
접수하시고 면허증 보시며 장하다
자동차 사주시던 울 아빠,
그 큰 산 사랑했었네
딸 여섯 중 당신과 젤 닮았다 하시며
뒷바라지해주시던 울 아빠, 그 큰 산
언제부턴가 뒷모습 보니 세월에 부는
비바람에 큰 산이 작아 보이네
점점 늙어가시는 울 아빠 바라보면

한없이 사랑 주기만 하던 모습 떠오르고
늘어가는 주름살 나 때문인 것 같아
남몰래 눈물로 죄송하다 혼잣말하네
사랑하는 부모님
주신 사랑 다 갚을 때까지
비바람에 흔들리지 말아 주세요
아빠 엄마의 딸로 태어나서 한순간도
감사하지 않은 적 없습니다
사랑합니다.

홍시

대롱대롱 붉어진 예쁜 네 얼굴
울 엄마 얼굴 같다
새벽이슬 걷히기도 전에
밭일하시고 한낮 태양에 익어버린
울 엄마 얼굴 홍시처럼 곱기만 하더라
멀리서 바라본 울 엄마 얼굴
땀으로 물들고 지쳐 힘들어 보였지만
날 보며 웃어주던 그 얼굴 지금도 선명하고
붉어진 홍시 대롱대롱 달려 있으면
곱디고운 울 엄마 생각에 나도 몰래
손등으로 눈물 훔친다.

그날…. 그리고 내 새끼

그날….
들킬세라 어느 때보다
발걸음은 무서우리만큼 조용했고
정적 속을 가쁜 숨 몰아쉬며 오른다
베이비박스에 다다랐을 때
어둠 속에서 새근새근 평온한 숨소리 들린다
어미의 심장은 무너져버렸다
시간도 거기서 멈춰버렸다
그날….
칠흑 같은 어둠 속에서
어미는 내 새끼의 평온한 숨소리를 기억한다
내 새끼는 어미의 가쁜 숨소리를 잊지 못한다
우리의 시간은 그날 그 자리에서
서로의 숨소리 기억하며 빙글빙글 돌고 있다.

이 원 구

E-mail : lwg90@naver.com

작품

- 더 아프지 말기를
- 애틋한 세상
- 빛 한 조각
- 바다가 아플 때
- 소금꽃
- 하얀 연꽃

프로필

- 전북 김제 출생
- 계간 『시세계』 시 · 시조 부문 등단
- 월간 『문학세계』 수필 부문 등단
- 『한국시조문학』 등단
- 제13회 〈시세계문학상〉 시조 부문 대상 수상
- (사)세계문인협회 문화예술공로상 수상
- 문학세계문인회 정회원
- (사)한국시조시인협회 정회원
- 전라시조문학회 정회원
- 전북문인협회 정회원
- 김제문인협회 정회원
- 한국베이비박스문인협회 고문
- 김제문인협회 사무국장
- 영남시조문학 부회장
- (사)세계문인협회 이사
- 시집 『꺾이지 않는 대나무』
- 시조집 『대숲이 품은 노래』
- 공저 『베이박스에 희망을 싣고』 『하늘비 산방』 『한국을 빛낸 문인』 외 다수

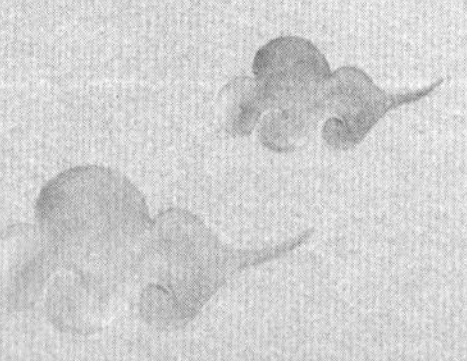

더 아프지 말기를

벌레가 갉아먹은
나무를 주워다가

가마솥 물을 넣고
불 피워 끓이면서

나무의
아픈 부분을
먼저 넣고 태웠어

애틋한 세상

일 년이 너였다면 세상의 모든 꽃이
애절한 그리움의 그윽한 그 향기로
가슴에 추억이 되어 웃었어도 아팠어

일 년이 나였다면 사방의 매운바람
매섭게 불어와도 뜨겁게 보듬었고
지나온 시간의 자국 아렸어도 안았어

빛 한 조각

꿈 실은 성근 마음 잔잔한 파랑 일어
무거운 잔상들이 물결에 씻겨 가면

가려진
햇살 한 조각
가슴에 스며든다

이슥한 하늘 위로 물바람 일렁이고
두꺼운 집착들이 석이며 녹아들면

숨었던
달빛 한 조각
가슴에 젖어든다

바다가 아플 때

— 세월호 인양을 보며

여울진 물결 위로 그 모습 올라올 때
짜디짠 눈물처럼 갯바람 불어오고

손끝에
잡히지 않는
시간들만 강밭네*

명개*가 어둠 속에 까맣게 눈을 뜨면
떠나간 그 자리에 바람은 맴돌면서

감치는*
아쉬움 되어
부둣가를 나도네

* 강밭다 : 몹시 야박하고 인색하다.
* 명개 : 갯가나 흙탕물이 지나간 자리에 앉은 검고 보드라운 흙.
* 감치다 : 잊히지 아니하고 늘 마음에 감돌다.

소금꽃

옷 위에 내려앉은
새하얀 줄무늬가

일렁인 파도처럼
지금을 얘기하네

당장은
힘이 들어도
웃는 내일 꿈꾸라고

뙤약볕 내리쬐는
팔월의 염전처럼

내 몸을
말리고 있어
하얀 인생 만들라고

하얀 연꽃

진하지 않는 향기
말 없는 너였을까

실바람 못 이긴 건
표현의 몸짓일까

조용히
말하지 않는
하얀 얼굴 난 알아

德山 장봉균

작품

- 버려진 아이
- 여름을 먹어버린 강아지풀
- 연잎 위에 핀 정지 화면
- 진한 향기는 그대로인데 너만 없다
- 비틀어 짜낸 심장은 마르지 않았다
- 해바라기
- 낮달 아래 구름은 누굴 기다리나

프로필

- 『문학저널』 시 부문 등단
- 열린 동해문학 작가상 수상
- 열린 동해문학 공로상 수상
- 문학저널문인회 정회원
- 열린 동해문학 자문위원
- (사)한국문인협회 화성지부
- (사)좋은 친구들 홍보이사
- (주)오스방음자재 대표이사
- 제1회 시화 전시회 개인전
- 제1회 사진 전시회 개인전
- 시집 『향기 나는 곳에 이유가 있다』
  『멈춰진 삶, 그 안에 내가 있었다』
- 공저 『내 마음의 풍금소리』 외 다수

버려진 아이

태어났을 뿐인데
세상이 이렇게 험할 줄이야

이랬다면 잠자고 있던 나를
안지나 말지.

여름을 먹어버린 강아지풀

기억을 지우며
흘렸던 땀을 솔바람에 목을 축이고
복잡한 서랍을 정리하듯
화창한 가을날에 나의 뇌를
빨랫줄에 말려본다

검은 씨앗을 내뱉으며
빨리 먹기 내기를 했던 그날
지금은 떠나고 없지만
주렁주렁 달린 모습에
또 다른 행복을 느낀다

노랗게 익어가는 길가
숨바꼭질에 여념이 없는 강아지 떼
머리를 땅에 콕 박은 채
하늘 향해 꼬랑지만 흔들며
숨었다고 한다

지나던 빨간 고추잠자리
꼬랑지에 앉았다가 간지러워서
이내 도망가고
귀엽게 흔들면서 파란 하늘을
간지럽히고 있다.

연잎 위에 핀 정지 화면

흘러도 너무 흐른다

한 컷이 중요하다 하지만
땀 한 바가지다

프라이팬 위에 풀어 놓은
달걀이 익어가듯
노출된 조직은 서서히 진해지고
간지러움을 느낀다

빨간 고추잠자리도
서둘러 창공으로 숨어 버리고

살인적인 더위는
연잎 밑에 숨은 물고기도
움직임을 둔하게 한다

시냇물처럼 흐르는 땀을
제외한 모든 것은 정지 상태다

호흡과 나를 이루고 있는
모든 조직은 내 품에 안고 나서
세상과 호흡한다.

진한 향기는 그대로인데 너만 없다

지나간 소리를 붙잡고
놓지 않으려 헤매던 시간은
현실 앞에 치유되고

아카시아 꽃향기
울림통이 되어 퍼져 나가듯이
내 앞에서 섰던 울림은
그대로 통과하는구나

빗방울 맺힌 장미꽃
지나가는 사람을 잡으려는지
빨간 립스틱은
오늘따라 더 짙구나

뭉게구름이 하늘 삼키고
배 한 척과 갈매기가 선회하는
한적한 선착장에
가슴을 풀어 놓는다.

비틀어 짜낸 심장은 마르지 않았다

죽어가고 있다는 것을
눈으로 확인할 수 있건만
방법조차 못 찾고
앞만 보고 달리는 꼴이란
한심하기 그지없네

행복 앞에 행복을 찾는 격이라
단벌 신사 양복 한 벌이면
일 년 행사 못 갈 곳 없고
반기는 곳 없어도 함박웃음
가는 곳마다 동행하네

바람에 날린 심장은
아직도 촉촉이 젖어 마르지 않고
한 곳을 바라보고 있건만
지쳐만 가는 이 내 몸은
누가 말려주나.

해바라기

피곤이 밀리는 오후
계단 창가에 서서
당신의 그림자를 당겨봅니다

아침에 봤던 당신의 모습
점점 더 흐려져만 가고
밀려오는 더위에 다리가
풀려만 갑니다

서로 만나지 못하고
갈대숲을 지나는 평행선은
철도 길을 따라
고속철은 달리고 있답니다

해가 뉘엿이는 날엔
만날 수 있길 바라는 마음
그날은 비가 왔으면
좋을 것 같습니다.

낮달 아래 구름은 누굴 기다리나

구름을 탄, 파란 하늘
셔터의 충동은 모가 한참 자란
울퉁불퉁거리는 농로를 가르며
시원스레 앞가르마를 탄다

잊었던 농부의 땀
익어가는 황금빛 웃음
밀짚모자 사이로 붉은 해는
대지를 삼키고

중천에 떠 있던 달
이제야 제자리를 찾은 듯
머쓱한 웃음 구름 사이로
들어갔다 고개를 든다

당신의 작고 예쁜 손
처음으로 잡아 볼 때의 황홀감
조리개를 조이며 누르는 순간
구름이 되어 날고 있다.

淸雨 장 선 호

E-mail : jsh051337@hanmail.net

작 품

- 그곳엔 희망이
- 세월 속에 피는 꽃
- 초심(初心) 찾기
- 파도 타는 두 가슴
- 수국화
- 수안보 연정(온천)
- 캄보디아 유적지 방문 시조

프 로 필

- 전남 광양 출생
- 계간 『시세계』 시 부문 등단(2015년)
- 월간 『문학세계』 시조 부문 등단(2015년)
- 『한국시조문학』 시조 부문 등단
- 문학세계문인회 정회원
- (사)한국문인협회 정회원
- (사)한국시조시인협회 회원
- 청풍명월정격시조문학회 회원
- 책 속의 한 줄 희망 동인
- 다솔문학 동인
- 그루터기에 앉아 쉬는 바람 동인
- (사)한국시조문학진흥회 이사
- 한국베이비박스문인협회 대표
- 세진정공 대표
- 공저 『베이비박스에 희망을 싣고』(1, 2, 3집)
  『하늘비 산방』(6호)
  『한국을 빛낸 문인』(2015~2016년)
  『초록물결』(1, 2집) 『마음으로 그리는 풍경화』 외 다수

그곳엔 희망이

눈물도
구름 법한
난곡의 비탈길에
만남을
준비하는
모정의 마음이랴
산돌림
눈물 자욱이
단풍마냥 물들 적

내빼는
설움이랴
어찌 다 말하랴만
굽정한
인생길에
반기는 님 있으니
시절의
희망을 품고
살아가야 하리라

세월 속에 피는 꽃

지친 노을처럼
시간이 가면
지는 줄만 알았더니
피어나고 있었어

쓰디쓴 열매에
어느새 단내가 피어나고
중심을 잃은 삶에도
상흔의 꽃이 피고

청죽의 흔들림마냥
늘 미적거리던
우리의 삶에
어느덧 희망이 피어나고

무심코 던진 대화 속에
끈끈한 정이
서로의 가슴속에서
우린 그렇게 피어나고 있었어

초심(初心) 찾기

한 마리
학이 되어
날고픈 나날들이
서로가
소망했던
꿈길이 아니던가
어이해
오늘도 우린
빈 둥지를 찾을꼬

기뻐서
울었는가
슬퍼서 울었던가
오늘도
하염없이
서로를 탓하다가
또다시
흘러가버린
한 시절을 그리네

파도 타는 두 가슴

행복이 뫼를 이룬 시절이 흘러흘러
조국의 부름 앞에
충성을 되뇔 적에
살가운 소싯적 꿈들
파도 타는 두 가슴

장부의 길일진대 뉘라서 마다할꼬
파르르 까까머리
우렁찬 함성 소리
이십 년 지난 세월을
훌훌 벗고 가느냐

요동치는 침묵 속에
추억은 깎여가고
포말 되어 사라질라
유년의 뒷모습들
아들은 추억을 안고 대장정에 오른다

수국화

봉오리
형형색색
해변의 여인인가
곱상한
사연들이
부표로 펴 오른 날
연인들
얼굴을 부벼
웃음꽃을 틔웠지

해풍에
날려갈라
싸매둔 지난 추억
태종대
오솔길엔
자욱한 운무여라
풍만한
가슴을 펴고
유혹하는 님이여

수안보 연정(온천)

말 못 할
사연 가득 오롯이 품고설랑
님이면 좋으련만
왕인들 어떠하랴
뜨겁게 보낸 세월이
한두 해가 아닌 듯

해마다
찾아오는 님들도 정겹다만
천년을 한결같이
농익은 가시버시
석문 천 흐벅진 벚꽃
애가 타는 그리움

꿈이랴
군계일학 적보산 과거 길에
어느 임 품고설랑
이토록 뜨겁더냐
한세월 애끓는 연정
지칠 줄을 모르니

캄보디아 유적지 방문 시조

앙코르 와트

두 눈을 부릅뜨고 행여나 놓칠세라
거니는 구석구석 말 못 할 경이로움
여태껏 광활한 꿈은 신묘불측이여라

바이욘 사원 미소상

천상의 여유로움 살포시 감싸고서
인생사 희로애락 근심이 무엇인가
오늘도 나그네 시름 웃음 짓다 가누나

킬링필드 유골탑

백성이 피로 물든 시절이 서럽구나
비통한 기억일랑 뉘라서 잊을소냐
백골의 탄식 소리가 그날인 듯 애절타

톤레삽 수상 가옥 사람들

전쟁의 상흔이랴 혹독한 인생살이
쉼 없는 물결 위에 희망도 출렁출렁
하루를 부여잡고서 부표인 양 떠도네

龍雲 정 범 식

E-mail : geobs9305@nate.com

작품

- 홍시
- 아가야
- 이 계절에는
- 비 내리는 거리
- 물안개
- 낙엽
- 귀향

프로필

- 명지대학교 졸업
- 월간 『문학세계』 등단(2007년)
- 제9회 문학세계문학상 수상
- (주)천마기술단 부사장
- 시집 『주정뱅이』
  『홀로 왔으니 나그네 아닌가』
  『관조의 늪을 헤매다』

홍시

붉은 너의 자태를
까맣게 먹어 치우고만
야심한 밤
살려 달라는 애원조차 없이
양철 지붕 위로 뚝
떨어지고 마는 홍시 하나

아직은 설익었건만
뭐가 그리도 급했을까
지천이 아름다움인데
훅 내려놓고 만
삶…

보듬지 못한 얼룩들
들킨 탓일까
내세로 들어가는
여정이었을까
붓다의 깨달음인 양
정적만이 하염없네

아가야

울지 말아라 아가야!
누구나 다 그러하듯
강보에 싸인 사연 알지 못한 채
본의 아니게 외로운 싸리문
들어서게 되나니
차디찬 북풍에 흔들리다가
그리움의 길마저 내주지 않을
아득한 시간 속에서 헤맬 즈음이면
빛도 어둠도 다
한통속임을 알게 된단다
사실이건데,
허기진 세월 꾹꾹 누르다 보면
목청껏 외쳤던 삶조차도
따지고 보면 다 별거 아닌 거
아쉽다는 말조차 못 한 채
잠시 스치고 말 바람 소리 같은 거

그러하니 아가야!
부디 굵은 눈물만은 거두어도 된단다

이 계절에는

아리따운 햇살 흩날리는
이 계절에는
이유 없이 타락하고 싶다
높은 구름 사이로
눈동자 싱숭생숭 날아다니고
막걸리 몇 잔에 기대어
마냥 비틀거리고 싶어질 때
딱 한 번만의 기도로
신이 용서해 줄 만큼만
추태 부리고 싶다
저 홀로 가버린 청춘에게
비웃듯 행패 부리는
바람이고 싶다

비 내리는 거리

굵은 빗줄기가 포자를 일으키며
아스팔트 위에 나뒹군다
무수한 이별들이 지나간 거리
거센 빗소리에 묻힌 못다 한 아픔들
찢어지도록 허전한 영혼들 뒤엉켜
이 거리의 우산 속 연인이 되어
서로의 커피 향기 속으로 들어간다
인연이란,
빗물로 만나 시시덕거리다가
강 끝에서 울면서 서로 흩어져 가는 것
돌이켜 보면 참으로 아름다웠다고
피 토하도록 슬퍼할 일은 아니었다고
자조 섞인 회자할 터인데
이 비 그치고 나면
다시 비릿한 내음에 묻혀
뙤약볕에 말라비틀어진 지렁이처럼
밟히고 문드러지면서
심장 속에서 눈물이 승화 중이라고
잊지 못할 가장 멋진 만남이었다고
입에 발린 거짓말들 들어야 할 것이다

물안개

물안개
스멀스멀 피어오르길래
님 오시려나 했습니다
따스한 햇볕 스며드는 산모퉁이에서
빼꼼히 내밀어 오는 그리움을
만지작거리고 계시길래
아! 님께서도
눈부시도록 새하얗게 피어나는
어느 뒤안길에서
갓 새악시처럼 설레이는 맘으로
여태 기다리고 계셨구나 싶었습니다
조바심에 오색 향기 한 아름 꺾어 들고
한 걸음에 산상까지 올라가 보니
님은 보이지 않고 흩어진 나날들만
깨어진 물안개 틈새로
하얗게 하얗게 지워지고 있었습니다

낙엽

물드니까 낙엽이다
언제까지나
푸른 줄 알았더냐
늘 그러하였듯
어느 한때
바스락거리다가
노랗고 빨간 삶으로
가지 끝에 서는 순간
높은 곳임에
떨어질까 무서워지고
입동 날 무서리 내릴까
두려움 앞서더라

이유 있거나
없거나
어차피 마찬가지이거늘
물들고 보니
다 낙엽이더라

귀향

공허만이 남은 빈터!
허허벌판 응시하던 시선은
외로움에 지친 듯 잡풀 속으로 내팽겨지고
재잘거리던 아이들 소리는
산모퉁이 돌아 도시로 떠난 지 오래
억센 경상도 사투리의 아낙네들은
눈멀고 귀 먼 할멈으로 변했고
하루에 서너 번 오가는 시내버스조차
운전사 자가용인 양 덜커덩거리니
자! 이제는 이 땅에다
침묵이라도 촘촘히 심어야 할 때다
마당으로 쏟아지는 유성들 쓸어가면서
그들이 원하는 대로 유서도 써주고
차곡차곡 쌓아둔 지난 사연들도
돋보기 너머로 밤새 읽어야 할 때다
행여, 여기가 마지막 머무는 곳일지라도
그 언젠가 홀로 떠나갔던 곳이기에
다시 되돌아옴에 대한 용서도 받을 겸
연극인 양, 이제는 겸손을 입어야 할 때다
쓸쓸함과… 그 오묘함을 즐기면서…

시여 정 이 란

E-mail : ds5kks@naver.com

작품

- 아이야
- 언약
- 그림자
- 친구 같은 인생
- 당신이 그리워지는 하루

프로필

- 격월간 『서정문학』 시 부문(2015년) 등단
- 월간 『문학세계』 수필 부문(2016년) 등단
- 한국문인협회 정회원
- 문학세계문인회 정회원
- (사)한국문학작가회 정회원
- 한국베이비박스문인협회 정회원
- 다솔문학 회원
- 족심도 풋&힐링 대표
- 시집 『쪽지 하나의 사랑』
- 공저 『베이비박스에 희망을 싣고』(2, 3집)
  『다솔문학 초록물결』(1, 2집)
  『시상문학』(4, 6집)

아이야

아이야
너를 만나
얼마나 행복했는지 모른다

너의 웃는 얼굴
너의 웃는 눈동자
너의 웃음소리

그 모든 것이
아니 사랑스러울 수가 없었다

너의 살 내음도
너의 응가 내음도
너의 젖 내음도

모두가 다
아니 사랑스러울 수가 없었다

너는
사랑 그 자체였다

너는
나에게 엄마라는 자격을 주었고
나에게 너를 사랑할 수밖에 없는
행복을 주었다

아이야
너의 손가락도
너의 발가락도
너의 머리카락도

모든 존재가
아니 사랑스러울 수가 없었다

아이야
너는
나에게
사랑 그 자체였다

언약

그대가 남기고 간 흔적
찬란한 무지개가 피었다가
금세 먹구름이 쌓이고

시간이 흐를수록 채색되어가는
마음은 회색빛

비가 와도 바람이 불어도
오롯이 커져만 가는 그리움 가득
바람이 되고픈 건

사랑이 내게 남아 있음이라

그림자

햇살이 발아래 비칠 때
나를 따라온 검은 물체
발걸음을 옮길 때마다
친근하게 먼저 길을 안내한다
길고 긴 그림자 하나
돌아보면 어느새
내 뒤에 숨어 있고
앞서거니 뒤서거니
나를 닮은 또 하나

친구 같은 인생

태양이 뜨겁게 달군 아침을 맞이하고
새로운 희망에 용기를 주고
어제의 상처받은 가슴은 잠시 내려놓는다

오늘이라는 시간을 쳇바퀴 돌 듯
나 자신을 맡겨보리라

푸른 하늘에 꿈을 실어
미련 없이 툭툭 털어
아쉬움 조각 하나 남기지 않고

웃고 울고 떠들썩한
복잡한 일상을 달려와야 했던
나의 인생

잘 견디며 살았다
토닥여주고 싶다
아직은 내 인생이 아름답기 때문에

당신이 그리워지는 하루

햇살이 맑은 날
당신이 그리워지는 하루가 되었어요
아침에 눈을 뜨고
늦은 밤 눈을 감을 때도

하루가 어떻게 지나가는지
모를 정도로 빠르게 지나감을
밤이 되어서야 가로등 불빛 아래
걸음을 옮겨서야 생각이 났어요

하늘에 해가 뜨는 것도
노을 해가 지는 것도 그것보다도
세상에서 제일 소중한 것은
당신과 함께한 하루입니다

초록펜글씨 **최 정 호**

E-mail : kingjung931@naver.com

작품

- 모정
- 베이비박스
- 새벽기도
- 고압선 수리공
- 빈손
- 대아 보
- 나비야

프로필

- 전북 완주 출생
- 전북대학교 · 우석대학교 · 신아문예대학교 평생교육원 문예창작 시창작 수료
- 문학세계문인회 정회원
- (사)세계문인협회 정회원
- 전북시인회 정회원
- 전북문인회 정회원
- 월천문학 정회원
- 신아문예대 작가회 정회원
- 한국베이비박스문인협회 정회원
- 국가유공자(상이군경 무공수훈 월남참전)
- 시집 『노을꽃』
- 수필집 『외딴 오두막』

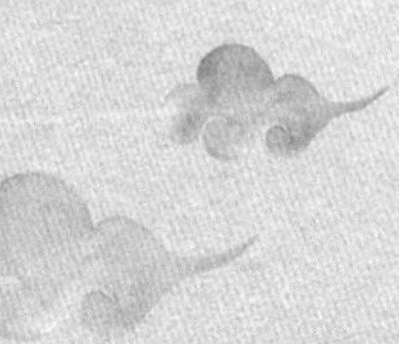

모정

작은 날개로
지구의 반 바퀴를 날아온 설원의 오리
덜 녹은 얼음 땅
서둘러 만든 둥지 가슴으로 덥힌다

끝자락 겨울의 몸부림
시 때 없이 몰아치는 떼거지 눈비가
아장아장 오는 새봄을 짓밟는데

새끼 하나 살리려고
초가집 되어 품 안으로 감싸는데
쏟아지는 눈 폭탄 등을 묻고 산을 이룬다

생매장 골고다 언덕
양 눈 감고 잔머리 필요 없다
새끼 생각 하나뿐

베이비박스

받아들이기엔 부끄럽고
안고 가기엔 가시면류관

나갈 길 싱크홀 되었고
돌아갈 길 떠내려간 외다리
안을 수도 버릴 수도 도망칠 수 없어
발만 동동거렸고

철부지 소녀 걸음마 하다가
어쩌다 저도 모르게 어미가 되었고
새끼 안을 힘 없고
빗속을 헤쳐 갈 가슴마저 없다

어두운 밤길 작은 촛불 하나
주사랑공동체 교회
보름달 되어 길 밝힌다

택시마저 기어가는 비탈길
꽃 한 송이 없는 빈 상자
뛰는 가슴 엄마 품은 못 되어도
눈비 가려주는 둥지가 된다

꺼리는 눈초리로 날아오는 돌 마다 않고
그리스도 사랑으로
불붙은 화구에서 1183 핏덩이 건져
영혼을 축복하는 기도가 있는
예수 사랑 베이비박스

새벽기도

코 골며 꿈꾸는 꼭두새벽
어둠을 헤치며
전국을 누비는 탐방길 오른다

옷깃을 스치며 어우러진
햇살이나 진눈깨비
구름 같은 이웃들

반세기를 비껴간
푸르른 날의 풋사과 얼굴들
아스라이 잔별 되어 숨바꼭질하는데
이름을 불러 스케치하고
복을 빈다

주님 앞에 무릎 꿇을 땐
철부지 세 살배기
모두가 울안의 이웃
울 밖의 뿔 달린 놀부도
손 내밀고 어깨동무

고압선 수리공

수락산 봉오리 등 뒤에 걸치고
심장 떼어 하늘에 저당 잡혔나
거미줄 매달린 왕거미 되어
발 아래 등산객 잔별 된다

안개구름 머플러 목에 두르고
떠돌이 갈마귀 이웃 삼아서
머리 위 맴도는 황조롱이 한 마리
홀로 지킴이 되어주는 날

슬쩍 옷깃만 스칠지라도
새까맣게 통닭구이 숯검정 되련만
가랑잎 흔들려 그네가 되는
거미줄 턱걸이 나방 한 마리

실바람 불어와 두둥실 두레박
선녀가 내려준 두레박인가
실안개 낙하산 허리 걸치고
매듭 풀린 로프 잡고 곡예사 된다.

빈손

실안개 걷히는 만경강
홀로 낚시꾼 된 해오라기
양귀에 안테나 방울 달아놓고

바윗돌 되어 무너지는 눈꺼풀
힘겹게 쳐들어 실눈 뜨지만
쏘아볼 땐 눈빛에 번갯불 튀긴다

어제저녁
간식 된 미꾸리 한 마리
긴 밤 지새우는 밤참 되어서
화로 속 불씨로 효자가 되는데

꼬리 흔들고 뺑소니친 피라미 못내 아쉬워
지켜야 하나 날아야 하나
계산하느라 과부하 걸린 새 머리
오늘 아침도 손가락 빨려나.

대아 보

엇그제 이삼 일 커튼 내리고
산고의 몸부림 빗방울 소리
설레는 가슴 촉촉이 적셨고
통통 배꼽이 북소리 울렸지만

밑 빠진 독 허기진 빗쟁이
다물지 못한 하마 입
껄떡대는 구렁이 혓바닥이다
화덕 된 얼굴 세수 한 번 못한 채
늘어뜨린 혓바닥 박재가 되고
하품하는 허수아비 대아 보
파리 떼 꼬이는 송장이다

샅바 싸움 하면서 담을 넘는
물안개 피어나는 보혈 주사
벼락 치며 쏟아지는 폭포수
머릿속 떠올리는 그림이지만

알몸 된 태양 코 골고 있고
흐르는 돛단배 모터를 단다.

나비야

아롱아롱 나비야
풍선 된 아랫배 터질 것 같아도
훨훨 날아가
강 건너 먼 땅에 터 잡아라

새벽부터 소낙비 땀방울 옷 빠느라
끼니때 놓치고
허리 펼 줄 몰랐다

방끗방끗 재롱떠는 떡잎
푸른 잎 밭고랑 물결치면
빙그레 입귀에 걸리고
굽은 허리 어깨를 폈다

새끼 치는 속잎마다
김밥 말아 동아리 틀면
벗어진 이마 도랑 패이고
모락모락 김 올라 뚜껑 열린다

앉을 듯 말 듯 곁눈질
눈치 살피다 양수 터지고
쌈줄 걸치면
흘린 땀방울 미역국 말아먹는다.

아름다운 영혼의 메시지 세상을 열다

— 행복시집 『베이비박스에 희망을 싣고』 평설

김전
(시인, 문학평론가)

1. 생명을 살려내는 베이비박스의 희망

한국베이비박스문인협회(대표 장선호)는 부모에게 버림받은 생명을 구해내는 국내 유일의 문학단체다. 그러므로 공동시집에 참여한 시인들은 영혼을 구해내는 천사다.

그동안 4집까지 발간하면서 죽어가는 많은 생명을 구한 공로는 이미 세상에 알려졌다. '한국베이비박스문인협회' 에서는 『베이비박스에 희망을 싣고』라는 문집을 발간하면서 수입금을 '주사랑공동체 교회' 에 기부하고 있다. 주사랑공동체 교회는 베이비박스를 운영하는 교회로 여러 언론에서 찬사를 받은 바 있다.

시인들은 문학 작품을 통하여 독자들에게 감동을 주고 있다. 이로써 밝고 맑은 사회를 만드는 공로자라 할 수 있다. 또 여기에 참여하는 시인들은 사랑을 몸소 실천하므로 아름다운 사업인 베이비박스 운영에 동참하고 있다.

한 생명이 천하보다 귀하다는 말씀을 믿고 열심히 살아가는 '한국베이비박스문인협회' 회원들은 해마다 시집을 발간하여 영혼의 메시지를 전하고 있다. 인구 절벽 시대를 맞이하여 이들이 하는 일은 바로 애국과도 직결된다. 작품 수준 또한 해마다 일취월장(日就月將)하여 많은 독자들에게 감동과 공감을 주고 있다고 확신한다. 직속 후배시인들의 이러한 모습을 볼 때 기쁘기 그지없다.

먼저 베이비박스를 적나라하게 묘사한 작품을 살펴보자.

투둑투둑

여린 가슴 부여잡고
너를 내려놓았을 때
온 세상 시간이 멈추고
뽀얀 배냇저고리 위로 떨어진 눈물

온기 가득한 젖가슴
익숙해지기도 전에
그렇게 이별을 먼저 알았다

검은 밤이 눈두덩을 쓰다듬고
깊은 잠에서 깨어났을 때
가장 먼저 환한 빛이 보이고
따뜻한 손길이 다가오고
미소 띤 숨결이 고이 감싸 안는다

힘찬 울음으로 대답한다
오랜 습관인 듯

무언가를 찾는 여린 입술
그렇게 또 하나의 사랑이 되었다

베이비박스
그저
사랑이라 기억하고
희망이라 부르리라

— 김정오, 「베이비박스에 희망을 싣고」 전문

베이비박스에 생명을 맡기고 떠나는 산모(産母)의 처절한 모습을 디테일하게 묘사하였다. 이별의 아픔을 절실하게 묘사한 부분으로 "온 세상 시간이 멈추고" "뽀얀 배냇저고리 위로 떨어진 눈물"에서 이별의 절절함이 잘 나타나 있다.

한마디로 생이별이다. 핏덩어리야 무엇을 알겠는가? 베이비박스만이 사랑이고 희망이 아니겠는가?

이 시는 베이비박스에서 포근히 잠든 모습을 묘사하여 시의 안정감을 주고 있다. 이 작품은 독자들에 많은 것을 생각하게 하고 '베이비박스'에 대한 관심을 일깨우는 데 공헌하고 있다.

속세에도 봄은 왔는가

질퍽한 어둠 속에 묻힌 채

여왕의 꿈을 꾸는 가련한 비구여

누비 적삼 푸르게 물들면

하얀 달빛에 백로가 날개 펴듯

비상의 꿈, 한 줄기 바람이런가

소롯이 이불 걷어차는 엘레지

수줍다 말 못하고 긴 목 뽑은 채

고요한 자태로 사뿐, 사뿐히

행여 왕자님 오실까 봐

가련히 긴 눈썹만 깜박이네…

— 권희건, 「엘레지」 전문

엘레지는 음악적으로 슬픔의 노래(悲歌) 또는 죽은 사람에 대한 애도 등으로 알려져 있다.

이 작품은 비구니에 대한 애련(哀憐)이라고 생각한다. 감각적인 작품이다. 한 폭의 풍경화를 보는 듯하다. 이미지를 형상화하는 능력이 예사롭지 않다. "누비 적삼 푸르게 물들면/ 하얀 달빛에 백로가 날개 펴듯"은 낯설기 기법으로 참신하다. 비구니의 심리를 넌지시 나타내고 있다. 직설적인 묘사가 아니고 에둘러 표현하여 독자에게 공감의 미를 던져주고 있다. 시의 구조상으로도 기-승-전-결이 잘 되어 성공한 작품이다.

나무는 바람을 탓하지 않고
말라버린 인심에 벌겋게 옷을 벗었다

조각난 햇살만 대지를 비추고
흔들리는 건
가지가 아닌 정체성 없는 자신이란 걸
시린 겨울에 알았다

다 비워버린 몸체에 바람이 불면
피할 수 없기에 윙윙 울어대는 나무에
너는 왜 해마다 벌거숭이가 되느냐고 탓만 했다

올라온 술기운 만큼 비틀대고
찬 바람에 머리를 흔들면
우수수 떨어지는 내 삶의 모순들
버릴 수 없는 내 아집에

겨울나무는 마지막 이파리마저
떨궜다
쓸쓸함 뒤에 공허만 뒹군다
그저 그렇게
겨울을 견딘다

— 김동광, 「겨울나무」 전문

겨울나무는 바로 작가의 삶이다. 나무를 매개체로 하여 자신을 말하는 것이 시의 기본이다.

그런데 많은 시인들 중에는 사물의 겉모습을 사진 찍듯 그려내고 있는 것을 볼 수 있다. 이런 표현은 지양해야 할 부분이다. 시인은 자신의 목소리를 내어야 한다. 겨울나무는 살기 위해 모든 것을 털어내고 나목(裸木)으로 겨울바람과 맞선다. "찬 바람에 머리를 흔들면/ 우수수 떨어지는 내 삶의 모순들/ 버릴 수 없는 내 아집" 나목에서 확대되어 자성(自省)으로 돌아가고 있다. 나무를 보고 자신을 돌아볼 수 있는 여유가 돋보인다. 어쩌면 우리들의 삶은 공허함 속에서 그 날 그 날을 견디고 있는 것이 아닐까?

부는 바람 시원타고 잡아둘 수 없잖아
흐르는 물 맑다 하여 움켜쥔 적 있었나
오가는 그 무엇 하나 내 마음은 아니야

무심한 세월 따라 당신마저 가시네
두 볼 위 소리 없이 내리는 눈물 또한
아무런 소용없다니 말자꾸나 아서라

아쉬워 후회되고 슬퍼서 아파와도
세상은 어제오늘 다를 바 없거니와
그 또한 세월에 바래 사라지고 말 것을

당신이 있는 곳에 발길을 향했었고
당신이 머문 곳에 마음을 두었지만
이제는 어디로 가나 그리움만 남겠지

— 김숙현, 「母의 작고」 전문

김숙현 시인은 자유시로 등단하고 후에 시조로 등단한 시인이다. 시조는 3장 6구 12음보의 정형시이다. 일정한 형식이 있기 때문에 제약도 따른다. 그래서 내용과 형식이 자연스럽게 이루어지기가 쉽지 않다.

김숙현 시인의 「母의 작고」에서는 형식과 내용이 자연스럽게 이루어져 있다. 이는 시조의 본령을 지키면서 시적 표현을 자유롭게 나타냈다고 본다.

모든 것은 왔다가 가는 것이다. 영원한 소유는 없는 것이다. 만나면 이별이 있는 것은 자연의 이치이다. 어머니의 죽음을 보고 인생무상을 묘사한 작품이다. 성숙된 시조의 모습이라 본다. 4수의 연시조이며 연과 연이 자연스럽게 이어져 시적 역량이 돋보이는 작품이다.

초혼이 전염병처럼 퍼지던 그 시절
어린 꽃도 시집이 가고 싶었다
달빛만 봐도 설레던 로맨스는
설익은 금단의 사과를 베어 물었다

제 살을 파고드는 가시가
아픔이 되는 줄도 모르고

거울 앞에 서 있는 하이얀 새치가
씁쓸하게 그녀를 보고 엷은 미소를 짓고 있다
마흔 여섯 살
눈가에 페인 주름
인생이라는 무게

가스레인지에 올려놓은 김치찌개가
소리를 지른다
화들짝 놀란 여자는 제 새끼 끼니 챙기느라
오늘도 분주한 아침이다

— 김장미, 「엄마」 전문

시는 에둘러 표현해야 한다. 여기에서 "설익은 금단의 사과를 베어 물었다"에서 상상의 나래를 펴게 한다. 여러 가지 뜻으로 해석할 수 있다. 시의 다의성이 잘 나타난 작품이다. 이런 작품이 좋은 작품이다.

엄마의 모습을 리얼하게 잘 그리고 있다. 마지막 행 "오늘도 분주한 아침이다."에서 엄마의 바쁜 일상을 제시하고 있다.

이 작품은 엄마의 일기 같은 느낌이 든다. 또 이 작품은 삶의 모습을 묘사하면서 인생이 가볍지 않다는 메시지를 전하고 있다. 철학적인 작품이라 말할 수 있다.

바람 이는 나무
울고 있는 수풀
바람구멍 숭숭
울고 있는 가슴

빈 가슴 채우건
그득그득 그리움
멍울멍울 먹먹함
가물가물 기억들

— 도현미, 「빈 가슴— 둘」 전문

天率 도현미의 작품은 리듬감이 있다. 2음보의 반복으로 박자가 척척 맞는다. 대구법으로 나타낸 점도 재미있다. 의태어까지 겹쳐지니 시적 미감이 더욱 살아나고 있다.

'그득그득' '멍울멍울' '가물가물' 등의 의태어를 사용하여 시의 생동감을 극대화시키고 있다. 빈 가슴을 나무와 비

교하였고, 감정이입을 통하여 시의 멋과 맛을 마음껏 나타내고 있다. 짧은 호흡의 작품이지만 감동이 오래도록 남는다.

이른 새벽
언덕 위의 집 앞
키 큰 소나무에 매달린
확성기
신이 나서 노래를 한다

부시시
눈 비비고
방문을 열어보니
새하얀 분칠한 세상
어서 오라 손짓을 한다

반가움에
부랴부랴 뛰쳐나갔다
빗자루에 삽을 들고
비장한 얼굴로 서 있는
어른들

— 서수정, 「눈 내린 아침」 일부

옛날 시골 마을의 모습이 눈에 떠오른다. 마을 어귀에서 확성기가 울리는 모습은 시대적 배경이다. 온 세상을 뒤덮은 하얀 눈을 치우기 위해 나선 사람들의 모습이 사뭇 비장하다.

이 작품에서는 외적인 묘사만 그려져 있지만, 마을 사람들의 단합된 모습과 빼앗긴 마을을 되찾으려는 의지가 행간 속에 배어 있다. 낯설기 기법으로 묘사한 부분 "확성기/ 신이 나서 노래를 한다. 새하얀 분칠한 세상." 등은 시적 표현이라고 본다. 생생한 모습으로 이미지화시키는 데 성공한 작품이다.

초록의 신록이 아름다운 계절
한 주의 고됨이 지쳐 있던
나를 깨우고 눈부신 태양은
내 영혼을 잠시 멈추게 한다

푸름에서 느껴지는 아름다운
풀 내음 향기가 잠들었던
내 마음마저 깨어나게 하고
향긋한 장미향 사랑이 되어
오늘을 선물한다

하루의 시작은 희망으로
마무리는 사랑 가득 보람 가득
작은 행복으로 채워질 것을
예감하면서 멋지게 승리하는
행복한 오월이여라

— 선지현, 「오월에 햇살처럼」 전문

모든 것은 생각하기 나름이다. 그러므로 마음먹기에 따라 삶의 질이 결정된다는 뜻이다. 긍정적인 생각과 감사한 마음으로 살아간다면 행복을 느낄 수 있을 것이다.

시적 자아는 자연에 대한 사랑으로 희망을 가지고 살면 행복하리라는 삶의 모델을 제시했다. 승리하는 삶은 마음속에 들어 있다. 이 작품은 여름의 싱싱한 풀 향기처럼 상큼하다. 아름다운 자연 속에서 희망을 찾아 승리하는 나날을 기대해 본다.

소리 없는 발걸음으로
내 품에 들어온 아가
너는 둥지를 틀고
밀어내도 다시 들어와
모태에 더부살이 중이다

멈춰버린 시간 앞에
가슴 가득 품을 수 없는 나날
너는
계속 멈출 줄 모르고 질주하고

삶에 지친 상념의 나날
하염없이 묻는다
묻고 물어도 답은 없다
끝이 보이지 않는 망설임
더듬더듬 어느새 종착역

내 살을 찢는 고통 앞에
몸부림치며 발버둥거리며
하염없는 시간은 긴긴 고통 안고
어둠으로 치닫는다

응~애~~응~애 너의 첫소리
태어남 설렘 잠시
품에 안은 아가야 너의 향기

코끝으로 떠날 줄 모르고
너를 바라보는 젖은 눈빛
간절한 사랑 심장이 멎을 것 같아
내 마지막 사랑이
망설이다 망설이다
베이비박스 희망 문을 연다

뒤돌아서 나설 때 잊기 위한 몸부림
어둠에 가려진 하늘도 빛을 잃고
공허함으로 하염없이 숨 막힌 영혼
시린 가슴 하늘에 걸어두고
흐르는 눈물 뒤로한 채 마음 문을 꼭꼭 닫는다

— 손장순, 「베이비박스 희망의 문을 열다」 전문

베이비박스에 피붙이를 맡기고 떠나는 산모의 아픔을 묘사하고 있다. 어쩔 수 없는 선택이지만 혈육의 정을 끊는 마음이야 하늘이 무너지고 세상이 무너지는 아픔이 아니겠는가?

아이의 울음소리가 귀에서 떠나지 않을 것이다. 산모의 가슴에는 산 같은 무게의 누름돌이 짓누르고 있을 것이다.

이런 작품을 통하여 작가는 미혼모에 대한 애정과 관심을 일깨우는 일을 하고 있다. 이제는 국가가 적극 나서서 대책을 강구해야 할 때라고 본다.

베이비박스는 죽어가는 생명을 구하고, 문학은 사회를 아름답게 만든다. 한국베이비박스문인협회는 시대를 이끄는 등불이다. 아무도 생각하지 못한 이런 일을 한다는 건 숭고한 사명의식을 가진 자만이 할 수 있다.

이 작품은 오랫동안 가슴을 찡하게 만드는 작품이다.

차마 울지도 못했으리
웃고 있는 너를 보고서는
좁디좁은 곳에 어린 너를 두고
돌아서야 했을 어미의 마음은

차마 사랑한다고도 못 했으리
달콤한 사랑 속에 너를 얻고서도
냉혹한 현실 앞에 비정해야 했던
속울음에 헐어버린 어미의 입에서는

떼이지 않는 발걸음에 돌아보다
현실의 공포에 떠밀려
비명도 지르지 못하는 오열로
뒤돌아선 모정을
아기가 알았을까
비정한 밤의 적막을
울음으로 깨운다

— 우현식, 「비정의 밤」 전문

시의 3요소는 음악적 요소, 의미적 요소, 회화적 요소이다. 음악적 요소는 리듬 즉 운율이고 의미적 요소는 주제 소재 재재 등이다. 또 회화적 요소로는 회화성 감각성 등을 들 수 있다.

이 작품은 의미적 요소가 중심을 이루고 있다.

베이비박스에 혈육을 맡기고 떠나는 어머니의 아픔을 적나라하게 묘사하였다. 발걸음이 떨어지지 않는 산모의 마음은 가슴이 찢어지는 아픔이 아니겠는가?

감정은 자제하면서 이별의 아픔을 잘 표현했다. 독자들에게 감동과 공감을 불러일으킬 수 있는 작품이다.

문학인들의 사명은 문학을 통해 아픈 사회를 치유해야 하는 사명이 있다. 우리의 주변에서 일어나는 일들을 문학적 시각으로 볼 때 사랑의 언어로 보듬어야 할 곳이 한두 곳이겠는가?

시인은 가슴이 따뜻해야 한다. 가슴이 따뜻해야 좋은 글을 쓸 수 있다.

천 개의 빗방울 안에서
천 개의 언어들이 쏟아져 내리네

수만 개의 빗방울 안에서
너의 미소들이 날개를 달고
나에게로 쏟아져 내리네

지상으로 지상으로

온몸으로 낙하하는 비들의 향연
그 안에서 우주를 보네

빗방울 안에 감추어진
바람과 별 그리고 못다 한 언어들

오직 하나의 소리로…

— 윤봉덕, 「천 개의 비」 전문

시는 개성적이다. 천만가지 색깔로 나타낼 수 있기 때문에 시는 아름다운 것이다. 그래서 시인은 오감이 발달해야 한다. 남들이 보지 못한 것을 볼 수 있어야 하고, 들을 수 없는 것들까지도 들어야 한다.

그런 점에서 윤봉덕 시인은 새로운 것을 발견하였다. "천 개의 빗방울 안에서/ 천 개의 언어들이 쏟아져 내리네" 시적 미감을 절정으로 올려주고 있다. 누구나 들을 수 있는 빗소리를 이렇게 표현한다는 것은 사유의 폭이 넓다는 것을 의미한다. 빗방울 안에 감추어진 바람과 별 그리고 언어가 하나의 소리로 낸다고 했다. 한마디로 깔끔한 작품이다.

새로운 의미를 만들어내는 것이 시인이다. 독자에게 많은 것을 생각하게 하고 미적 쾌감을 줄 수 있는 성공한 작품이라고 생각한다.

> 개 무섭게 더운 초복 날에
> 개 부모는 어디 간지
>
> 아니 보이고
> 아무 이유도 모른 채
>
> 사막 한 도시의
> 삭막한 시멘트 계단에 버려진,
>
> 강아지풀 한 마리
> 세상모르게 꿀잠 자고 있다
>
> 배고프면 밥 달라고
> '멍멍' 짓느라 목이 쉬어도
>
> 지나가는 행인 누구도
> 거들떠보지도 않는 무정함에

저 멀리 능수버들 슬프게
머리카락 늘이고

매미는 제재소 나무 자르듯
이따금씩 곡을 하건만

씀바귀처럼 씁쓸한 삶
질경이처럼 끈질긴 생명력으로

보란 듯이 잘 자라나

샛강의 샛길에 지나가는
나그네의 마음

그나마 뜬구름처럼
가비업다

— 이경상, 「강아지풀 베이비박스」 전문

강아지풀을 통하여 삶의 팍팍함을 잘 나타내고 있다. 버려진 아이들이 떠오른다. 절박한 상황을 묘사하고 있다. 시는 비유로서 빗대어 제시해야 맛이 있다.

"삭막한 시멘트 계단" "매미는 제재소 나무 자르듯" 등에서 잘 나타나 있다.

생명이란 끈질긴 것이다. 절박한 상황 속에서 고개 내미는 강아지풀을 형상화시켜 놓았다. 한 편의 풍경화가 파노라마처럼 지나가는 느낌이다.

삶이란 덧없는 것이 아니겠는가? 시인은 작품에서 인생철학을 담고 있다. "씀바귀처럼 씁쓸한 삶" "샛강의 샛길에 지나가는/ 나그네의 마음” 등은 시적 미감을 느낄 수 있는 아름다운 구절이다.

너의 눈망울을
살포시 바라보고 있노라면
너와 하나 된 나의 모습 보인다

너의 눈망울에는
뭉게구름 떠다니고
나비가 훨훨 춤추며
까르르까르르 행복 넘쳐흐른다

너의 눈망울을
가만히 바라보고 있노라면
꽃비가 촉촉이 내려와 나를 적셔준다

너의 눈망울에는
아카시아 향기가 있고
수많은 별이 노래하며
너와 나의 미래가 담겨 있다

— 이미선, 「너의 눈망울을」 전문

이 작품은 음악성이 있다. ‘너의 눈망울’과 각 연 끝부분 ‘ㄴ다’의 반복은 생동감을 주고 있다. 음악성을 강조하는 이런 작품은 순수시에 해당된다.

눈망울 속에 뭉게구름, 나비, 꽃비, 향기가 들어 있다고 했다. 상상력의 깊이를 가늠하기 어려울 정도다. 시각적, 역동적, 후각적 감각이 이 작품을 아름답게 만들고 있다.

맑고 밝은 작품이다. 시적 분위기가 따스하게 다가오는 작품이다.

여울진 물결 위로 그 모습 올라올 때
짜디짠 눈물처럼 갯바람 불어오고

손끝에
잡히지 않는
시간들만 강밭네

명개가 어둠 속에 까맣게 눈을 뜨면
떠나간 그 자리에 바람은 맴돌면서

감치는
아쉬움 되어
부둣가를 나도네

— 이원구, 「바다가 아플 때」 전문

이 작품은 정형시로서 역사적인 아픔을 그린 시다. 세월호가 아픔의 역사를 만들어 내었다.

시조는 시대적으로 고시조와 현대시조로 나눌 수 있다. 시조는 본래 시조창이라 하고, 창을 목적으로 창작되었다. 그러나 현대에 와서 시조는 창과 이별한 지 오래되었다. 시절가조에서 나왔다고 시조라 한다. 시조는 한국에만 존재하는 우리나라의 시이다. 그렇기 때문에 한국시라고 바꾸는 것이 옳다고 생각한다. 그렇다면 전통성을 무시한다고 이야기할 수 있지만 창과 함께 하는 시조에서 벗어났기 때문에 한국시라고 하는 것이 옳지 않을까? 그간 민족시, 전통시,

겨레시 등으로 불려 왔지만 한국시라고 하는 것이 타당하다고 생각한다.

이 작품은 우리 고유어를 사용하여 난해한 것같이 느껴지지만 시어를 확산하는 의미에서 바람직하다. 우리 고유어를 더욱더 갈고 닦아 시어로 사용했으면 좋겠다고 생각한다. 이 작품은 바다에서 잠자는 영혼들이 바닷가를 감도는 모습을 애달프게 잘 그리고 있다.

구름을 탄, 파란 하늘
셔터의 충동은 모가 한참 자란
울퉁불퉁거리는 농로를 가르며
시원스레 앞가르마를 탄다

잊었던 농부의 땀
익어가는 황금빛 웃음
밀짚모자 사이로 붉은 해는
대지를 삼키고

중천에 떠 있던 달
이제야 제자리를 찾은 듯
머쓱한 웃음 구름 사이로
들어갔다 고개를 든다

당신의 작고 예쁜 손
처음으로 잡아 볼 때의 황홀감
조리개를 조이며 누르는 순간
구름이 되어 날고 있다.

— 장봉균, 「낮달 아래 구름은 누굴 기다리나」 전문

이 작품은 제목부터 시적이다. “낮달 아래 구름은 누굴 기다리나” 아름다운 자연의 모습을 사진 찍듯이 자세하게 그렸다. 아름다운 자연의 모습에 시적미감이 더해져 서정미가 진하게 느껴진다.

“밀짚모자 사이로 붉은 해는/ 대지를 삼키고” “조리개를 조이며 누르는 순간/ 구름이 되어 날고 있다.” 마지막 연은 짜릿할 정도로 시적 자아의 심리묘사를 잘 나타내었다. 이미지 형상화에 성공한 작품이다. 이 작품을 읽을수록 새로운 맛이 넘쳐난다.

봉오리
형형색색
해변의 여인인가
곱상한
사연들이
부표로 펴 오른 날
연인들
얼굴을 부벼
웃음꽃을 틔웠지

해풍에
날려갈라
싸매둔 지난 추억
태종대
오솔길엔
자욱한 운무여라
풍만한
가슴을 펴고

유혹하는 님이여

— 장선호, 「수국화」 전문

이 작품은 정형시이다. 형식이 있는 시조이다. 시조는 우리나라에만 존재하는 시이다. 형식은 3장 6구 12음보를 유지해야 한다. 그러나 오늘날 시조는 형식을 파괴하는 것이 현대시조인 것처럼 3행시에 가깝게 다가서고 있다. 그렇다고 형식에 너무 얽매여서도 안 된다. 형식에 얽매이지 않고 자연스럽게 물 흐르듯 흘러야 한다. 시조의 맛은 응축과 단절 비약과 정제 종장에서 감았다 푸는 것이라야 좋은 작품이라고 백수 정완영 시인이 말한 바 있다.

장선호의 수국화는 의인법으로 나타내었다. 작가의 감정이입으로 시적 생동감이 살아난다. 첫째 수에서 '해변의 여인' '연인들' '유혹하는 님' 등으로 수국화를 비유하였다. 수국화의 아름다움을 잘 묘사했다. 또 시조의 특징인 감았다 푸는 솜씨도 일품(逸品)이다.

공허만이 남은 빈터!
허허벌판 응시하던 시선은
외로움에 지친 듯 잡풀 속으로 내팽겨지고
재잘거리던 아이들 소리는
산모퉁이 돌아 도시로 떠난 지 오래
억센 경상도 사투리의 아낙네들은
눈멀고 귀 먼 할멈으로 변했고
하루에 서너 번 오가는 시내버스조차
운전사 자가용인 양 덜커덩거리니
자! 이제는 이 땅에다

침묵이라도 촘촘히 심어야 할 때다
마당으로 쏟아지는 유성들 쓸어가면서
그들이 원하는 대로 유서도 써주고
차곡차곡 쌓아둔 지난 사연들도
돋보기 너머로 밤새 읽어야 할 때다
행여, 여기가 마지막 머무는 곳일지라도
그 언젠가 홀로 떠나갔던 곳이기에
다시 되돌아옴에 대한 용서도 받을 겸
연극인 양, 이제는 겸손을 입어야 할 때다
쓸쓸함과… 그 오묘함을 즐기면서…

— 정범식, 「귀향」 전문

우리들의 고향을 묘사하였다. 산업화로 말미암아 모두가 떠나가 버린 농촌의 피폐한 모습을 잘 그려놓았다. 감동과 공감을 주는 작품이다. 시어를 자유자재로 부릴 줄 아는 능력의 소유자로 보인다.

눈멀고 귀 먼 할멈들만이 지키는 농촌의 현실은 참담하기 그지없다.

"침묵이라도 촘촘히 심어야 할 때다" "그들이 원하는 대로 유서도 써 주고"에서 농촌의 참담한 현실을 진솔하게 묘사하였다. 마지막 행에서 "쓸쓸함과… 그 오묘함을 즐기면서…"에서 역설법으로 나타내어 극한상황을 극복하는 모습을 그리고 있다.

한 편의 영상을 보는 듯하다. 동시대를 살아가는 사람에게 공감을 주기에 충분한 작품이다.

햇살이 맑은 날
당신이 그리워지는 하루가 되었어요

아침에 눈을 뜨고
늦은 밤 눈을 감을 때도

하루가 어떻게 지나가는지
모를 정도로 빠르게 지나감을
밤이 되어서야 가로등 불빛 아래
걸음을 옮겨서야 생각이 났어요

하늘에 해가 뜨는 것도
노을 해가 지는 것도 그것보다도
세상에서 제일 소중한 것은
당신과 함께한 하루입니다

— 정이란, 「당신이 그리워지는 하루」 전문

이 시는 애틋한 사랑이 넘쳐나는 작품이다. 사랑하는 사람을 생각하면 하루는 눈 깜짝할 사이에 지나가고 만다. 바쁜 일상생활에서도 사랑하는 사람을 그리워하는 것은 아름다운 일이다.

그리움은 서정시의 본류이다. 그리움은 사랑이다 사랑이 충만하면 세상이 아름답게 보인다. 시적 자아의 따스한 마음이 행간 속에 숨어 있다. 누군가를 그리워할 수 있다면 행복한 것이다. 행복하면 하루가 즐겁고 기쁨만이 넘친다.

이 작품은 독자들과 소통이 잘 되는 작품이라 생각한다. 그런 점에서 성공한 작품이다.

수락산 봉오리 등 뒤에 걸치고
심장 떼어 하늘에 저당 잡혔나
거미줄 매달린 왕거미 되어

발아래 등산객 잔별 된다

안개구름 머플러 목에 두르고
떠돌이 갈마귀 이웃 삼아서
머리 위 맴도는 황조롱이 한 마리
홀로 지킴이 되어주는 날

슬쩍 옷깃만 스칠지라도
새까맣게 통닭구이 숯검정 되련만
가랑잎 흔들려 그네가 되는
거미줄 턱걸이 나방 한 마리

실바람 불어와 두둥실 두레박
선녀가 내려준 두레박인가
실안개 낙하산 허리 걸치고
매듭 풀린 로프 잡고 곡예사 된다.

— 최정호, 「고압선 수리공」 전문

고압선 수리공에 대한 고달픈 삶의 모습을 제시하였다. 위험의 극한상황 속에서 일하는 고압선 수리공은 생명을 내놓고 일하고 있다. 이런 작품은 힘이 있다. 또 이 작품은 메타포를 통하여 시적 미감을 높이고 있다.

3연에서 '턱걸이 나방 한 마리' '곡예사'를 나타내어 수리공을 묘사하였다.

우리가 사는 삶 자체가 고압선 수리공과 무엇이 다른가? 모두가 하루하루 어려움을 겪으면서 삶을 유지하고 있다.

이 작품은 리드미칼하게 읽혀진다. 읽을수록 감동과 공감을 준다.

시어를 자유자재로 휘어잡을 수 있는 기본기가 단단한 시인이라 생각한다.

2. 아름다운 영혼의 메시지 세상을 열다

한국베이비박스문인협회 회원들의 작품들은 하늘의 별처럼 제각각의 목소리로 반짝인다. 독자에게 감동과 공감을 줄 뿐 아니라 재미있게 읽혀진다. 삶의 현장에서 기쁨과 아픔을 함께 느낄 수 있는 작품들이 많았다.

버려진 아이들이 행복상자에서 새로운 생명을 찾을 수 있도록 거룩한 일을 하고 있는 시인들의 아름다운 영혼의 메시지로 세상을 열고 있다. 천하보다도 더 귀한 생명을 구해내는 이들이야말로 축복받아야 할 존재들이다. 문인들의 모임으로 이러한 활동을 하는 것은 세계 역사상 보기 드문 일이다. 세상을 밝고 맑게 가꾸어가는 이들의 업적은 한국 문단사(文壇史)에 길이 남으리라 믿어 의심치 않는다. 회원들의 건필을 빈다.

베이비박스에 희망을 싣고 -제4집-

한국베이비박스문인협회

인쇄 1판 1쇄 2017년 11월 24일
발행 1판 1쇄 2017년 12월 1일

지 은 이 : 한국베이비박스문인협회
펴 낸 이 : 김천우
펴 낸 곳 : 도서출판 천우
등 록 : 1992. 2. 15. 제1-1307호
주 소 : 서울시 성동구 무학봉28길 6 금융빌딩 2F
전 화 : 02)2298-7661
팩 스 : 02)2298-7665
http://moonhak.wla.or.kr
E-mail : chunwo@hanmail.net

값 15,000원

ISSN 978-89-7954-691-0